觸得到的幸福

改變你一生的30個心理學效應

北辰 著

萬里機構

自序
一個很俗的問題：你幸福嗎？

這是一個探索心理學理論和提升幸福感之間能量連接的漫長過程，從和清華大學、中科院心理研究所等權威部門一起探討，到和明星嘉賓一起錄製心理互動訪談節目《幸福21問》，給她們做心理導師，我們一直在解鎖幸福，探究幸福，指導幸福，走進幸福。

我們給幸福提出了七個不同層次的又有關聯的關鍵詞：積極情緒、人際關係、投入、成就、意義、共生和能動。

我給這七個關鍵詞做了最簡單通俗的釋義。

積極情緒，就是當一件事情發生時，能夠用正念引領自己，這是具備情緒自我修復能力的關鍵。

人際關係，就是與人的交往順暢程度、舒服程度，也可以理解為情商的一個層面。

投入，就是專注度和注意力，是不是一生都在蜻蜓點水，是不是經常患得患失、南轅北轍。

成就，就是給自己的成績、回報、結果和導向。

意義，就是明確的動力和目標，個人對努力的評價。

共生，可以理解為與別人共同生存、協作、共贏的能力。

能動，就是你的掌控和管理訴求，你在團體中的引領和推進作用。

為生活做減法的柳岩，掌握選擇權的趙奕歡，努力做自己的劉芸，主動出擊的婁藝瀟，逆流而上的伊能靜，直面人生的張虹，愛我所愛的惠若琪；從她們身上，我們都看到了追求幸福的光。

我自己在心理學領域深耕了二十五年，從做傳統電台心理節目熱線主持人到成為自媒體的內容創作者，都在嘗試着用聲音或者文字的形式，陪伴、撫慰和治癒相信我的聽友和讀者。這些年的工作中，我發現一個共性，那就是不管處理哪一類問題，終極的目的都是提升我們對幸福的掌控能力。

我接待過上萬個心理諮詢案例，在他們哀怨的聲音和表達的焦慮中無不寫着大大的「不幸福」，而幸福又是一種個體的自我情緒感知能力。我甚至很長一段時間都在思考，幸福是個體的還是大眾的，幸福有沒有規律可循，是否有方法可以借鑑。

於是近些年，我把積累的所有案例加以整理篩選，從心理學的各種效應角度去解讀和剖析，寫了這樣一本實用心理學意義上的提升幸福感的書。它不晦澀難懂，也不矯揉造作，因為都來源於真實案例，有章可循。

其實做學問，不是為了庸俗地取悅自己或者故弄玄虛地樹立自己的行業地位，而是為了讓普羅大眾能直接收穫，為其所用。

這本書就是這樣，用最接地氣的案例和樸素的心理學效應，真實自然地走進你的生活，那些熟悉的語言和場景，你或許經歷過，或者正在經歷。

在這本書裏，我和你聊聊幸福。

就這樣。

北辰

註：柳岩，主持人、演員、歌手。趙奕歡，演員、歌手、模特兒、主持人。劉芸，演員。婁藝瀟，演員、歌手。伊能靜，歌手、演員。張虹，速度滑冰運動員。惠若琪，前中國女子排球運動員。

目錄

第二章　情商篇

第三章　成長篇

第四章 教育篇

第五章 社交篇

第六章　勵志篇

第一章

情感篇

01 得不到的未必好，相信你擁有的就是最好的

心理學關鍵詞

酸葡萄＋甜檸檬效應

《伊索寓言》中的「酸葡萄」故事廣為人知：狐狸想吃葡萄，但由於葡萄長得太高牠無法吃到，便說葡萄是酸的，沒甚麼好吃的。心理學上以此為例，把個體在追求某一目標失敗時為了沖淡自己內心的不安，而將目標貶低為「不值得」以自慰的現象稱為「酸葡萄機制」或「酸葡萄效應」。

與其相反，有的人得不到葡萄，而自己只有檸檬，就說檸檬是甜的。這種不說自己達不到的目標或得不到的東西不好，卻百般強調凡是自己認定的較低目標或自己有的東西都是好的，藉此減輕內心的失落和痛苦的心理現象，被稱為「甜檸檬機制」。

其實我們經常看到這些現象，在某種時候這樣做是具有積極作用的，能自我安慰和療癒，使自己滿足和樂觀。

你有沒有羨慕過別人的老公？

你有沒有欣賞過別人的孩子？

你有沒有覺得曾經和自己一樣平凡的同學現在很風光？

我們總是習慣於把目光聚焦在我們沒有的東西，尤其是比我們好的一面上。殊不知，人都喜歡曬自己光鮮艷麗的一面，比如自己過生日時老公給自己買的袋子、情人節送的花，而絕不會曬自己被家暴的瘀青和孩子不合格的成績單。

所以，沒得到的未必好，至少你的腦補對它過度解讀了，真相未必是那樣。大家都有雞飛狗跳的時候，都有油鹽醬醋的瑣碎事，都有獨身飲泣的不堪。

作為諮詢師，我接觸到的最多的案例是涉及家庭情感問題的，而大多是不正確的對比下帶來的抱怨和不滿足情緒所致。

如果我們把家庭情感問題比喻為一個人的生理疾病，那麼我們想要挽救家庭，一定要有一個客觀且權威的診斷，比如哪裏出了問題，多大的問題？然後才制定或出具具體的治療方案，比如要花多少代價？結果是甚麼？

婚姻也一樣，如果宣判情感死亡，沒有挽救的必要，這當然不在我們的討論範圍之內，你直接去協議或者起訴離婚就好了。既然我們談到挽救或者修補，就必須具備兩個條件：第一，還有感情，只是溝通方式出了問題；第二，你不想離婚。

這就是我們處理任何親密關係問題，甚至是任何關係問題要做的基礎工作：有個清晰的判定和診斷。

其實感情上出問題的大多數人成了酸葡萄效應的一個極端，那就是明明自己手裏有的是葡萄，卻偏偏認為外面的檸檬是甜的；或者因為沒有嘗過檸檬的滋味，對得不到的東西就充滿期待，躍躍欲試。

林女士最近就很焦慮，來找我諮詢問題的時候黑着眼圈—整夜睡不着。原因也不複雜：她的丈夫和初戀情人最近聯繫緊密。我後來通過和林女士的丈夫溝通得知：那是他大學的女友，兩人戀愛了兩年多，畢業時候因為異地，選擇了放棄，後來慢慢失去了聯繫。前陣子同學聚會她丈夫偶然得知，前女友一直單身，自己就開始自責，找到對方，從噓寒問暖開始到頻繁接觸，甚至關係曖昧，屢禁不止。

諮詢後，我判定這是一段完全可以挽回的婚姻，原因有四：

1. 實質性出軌行為；
2. 男人對妻子無原則上不滿意；
3. 男人錯誤地覺得對方單身自己有責任；
4. 男人從沒有過要放棄家庭或者背叛妻子的想法。

這就很有意思了。林女士始終不理解，既然他沒打算放棄家庭，為甚麼還要和前任藕斷絲連？

對初戀念念不忘

說到這裏我就要和大家分享一個觀點了：男人是多情而癡情的，女人是專情而絕情的。

這句話怎麼理解呢？男人看起來是花心大蘿蔔，比如看到美女，忍不住回頭多看幾眼，願意和美女多傾幾句，看似多情；而癡情則體現在分手後，大多數男人依然會給前任留一份惦念，或者至少依然和對方做朋友，期待聽到她的消息，甚至關鍵時候還會出手相助。

女人就不同了，輕易不會和人搭訕，認定一個人之後，就不會去理會別的異性，邊界感也比男性更強，這是專情的一面；而絕情就體現在分手後，大多數女人不會繼續選擇和前男友做朋友，果斷先將人拉進黑名單的大多是女人。

當然這是半開玩笑的一個觀點，但也不無道理，男人對待感情的心態可見一斑。

回到上述案例，林女士的先生就是有男人的上帝視角，覺得對方單身有自己的原因，這很自戀。事實上，其實你沒那麼優秀，對方也並非因你終身不嫁，你想太多了而已。林女士的丈夫也承認，自己確實對她有點兒動心，所以偶爾言語曖昧，關心過度。

這次林女士的婚姻其實有驚無險，調解後丈夫就懸崖勒馬了。

剛才我們也提到了酸葡萄效應，另外一個反向應用就是，擁有的東西，我們慢慢地就開始不珍惜了；而沒有得到的，我們總是下意識地用幻想構架它的美好。比如一個愛馬仕（Hermès）的手袋，在貨架上的永遠比被丟在自家儲物間裏的更吸引人。

我們為甚麼容易對初戀念念不忘呢？青澀時光裏的記憶很深刻，而且那時候大多數人是因為不太懂感情處理方式，或者因非感情因素遺憾地分開，所以遺憾就是癥結。人總是容易對遺憾的事情念念不忘。另外談戀愛時我們沒有煙火氣，而煙火氣恰恰是雙刃劍，既溫暖也平淡，戀愛是難忘和浪漫的，磨平了棱角的日常柴米油鹽生活，一定抵不過充滿浪漫幻想的愛情。我們接觸的感情危機，也有相當一部分是婚姻敗給了愛情的案例。

案例中林女士的丈夫最終是意識到了，就算和初戀女友在一起，始終也會淪為平淡的事實。

所以這裏我們必須提到婚姻的本質：

1. 持久的平靜和平淡。這一點毋庸置疑，沒有做好持久平淡的心理準備，我們就不適合走進婚姻。結婚後，我們沒有那麼多花前月下的時間和精力了，大多時候我們為生存奔波、為孩子和老人心力交瘁，這是常態，也是日子。

2. 排他性的，相對更小的異性交際圈。感情是排他的，婚姻更是；因為我們有了法律上的制約，也有了道德上的底線。所以婚姻是一個堡壘，外人不得擅闖；你待久了厭倦了也不能輕易出去，異性社交圈一定要保持邊界感。

3. 共度餘生的合夥人。這個觀點是最近幾年很流行的，我們此前也一直拿經營公司比擬婚姻，其實合夥人就意味着我們要有利益關係。感情貶值的婚姻是沒有出路的，現代婚姻模式是成長型的婚姻。

所以，當你意識到這幾個關鍵點所在，結婚才能是成熟的選擇。甘於和一個人平凡、安穩、相互支持地成長，並樂此不疲，這很難，但是你必須做到，否則不如單身。別耽誤自己也別坑害他人。

最後我要給出準確判定婚姻是否值得挽回的幾個基本條件：

1. 雙方有重歸於好的意願。感情是雙方面的事情，不管誰犯了錯或者迷失了，都不重要，願景很重要，雙方都想好，就一定有方法。

2. 彼此心結可抹去。無數案例證明，某一方一方面不想解體，一方面還不放棄過往對方存在的問題，這是相互折磨的悲劇，也就是假象原諒，實則在心裏銘記。

3. 依然有愛，有不捨——記住，這是基礎。沒有愛的婚姻再平靜也是一潭死水，會讓人慢慢枯萎。這裏我們說的是愛，你要確定不是習慣了和對方在一起而已，更不是甚麼親情的感受。事實上我是特別反對愛情最終都變親情的理論的，那樣的婚姻沒人想要，否則你就直接和親人過一輩子得了。所以，長久的婚姻可以注入親情的成分，但親情絕不能是全部或者主體。

4. 有性的衝動和渴望，至少不排斥。不管多大年紀了，記住，性都是夫妻感情最好的試金石；哪怕兩人相擁入眠，哪怕睡前親吻，這些愛意的表達就是婚姻延續的潤滑劑。法院判決離婚也有一個「分居」的要件，這就說明昨晚還享受魚水之歡的夫妻今天是不太可能離婚的。

今日作業

嘗試向對方說出他的五個優點，並且有理有據地去說明，表達感謝和愛。

死刑犯也有極其孝順的，是人都有優點，別讓瑣碎的生活、頻繁的爭執淹沒了你當初迷戀他、愛他的理由。

——北辰

02 導致失敗的往往不是問題，是面對問題的態度

心理學關鍵詞

野馬效應

在非洲草原上有一種動物吸血蝙蝠，牠們靠吸食動物的血液生存。這種蝙蝠常常會叮在野馬的腿上吸血，而每當這時，野馬就會陷入暴怒、狂奔的狀態，像瘋了一樣搖頭甩尾。但是不管野馬怎樣掙扎都無法擺脫吸血蝙蝠，因為這種蝙蝠動作迅速，可以快速地在野馬身體的各個部位間移動，直到牠們吸飽了血才從容離開，而不少野馬被牠們活活折磨死。動物學家對野馬的死因進行研究，發現蝙蝠吸走的血量遠不足以導致野馬死亡，野馬的真正死因是牠們的暴怒和狂奔。野馬被蝙蝠叮咬後陷入劇烈的情緒反應，身體內各項腺素分泌變得異常，而劇烈狂奔又導致力竭，最終死於非命。

我們來聊一聊，提起來就讓人血往上湧的外遇出軌問題。

為甚麼我這麼說呢？你假想一下，假如你突然得知你最愛的人和別人在一起了，受得了嗎？當然這個比喻誰也不願意聽到，而且聽到了也很難平靜，所以我們看到了很多憤怒、撕打、仇視和怨懟。

我的聽友王女士性格很強勢，家裏家外一把手，結婚二十多年，家裏的話幾乎都自己說了，家裏的活也都自己幹了。好強氣盛的她怎麼也想不到，那麼木訥、沉悶、不懂浪漫的男人，居然出軌了；每每想起自己看到的曖昧短訊，她就委屈不已。這男人哪裏是不懂浪漫，只是對自己不浪漫而已。後來丈夫認識到錯誤，已經回頭，一切看似重歸於好，風平浪靜，王女士的內心卻波濤洶湧。兩年後，他們還是分開了，用她自己的話說，丈夫真的變了，對自己也很好；但是自己無法面對依然隨時出現的憤怒、委屈和指責，就不彼此折磨了。

你看，出軌確實是一種災難，但是相比災難，面對它時的態度和情緒才是更大的問題。

對野馬來說，因自己的暴怒情緒而死亡這無異於一場悲劇。對王女士來說，暴怒又何嘗不是罪魁禍首呢？在丈夫剛出軌的那段時間裏，她氣憤、暴怒、追蹤、和小三撕打，幾乎讓自己和丈夫陷入一種尷尬的絕境。自己整夜失眠，掉頭髮，身體多個部位出現腫塊、結節，身心俱疲。

心理學家研究發現，諸如恐懼、憤怒、抑鬱、焦慮等情緒是具有破壞性的，長期被這類情緒困擾會嚴重危害一個人的身心健康，古語云：「氣大傷身」就是這個道理。

野馬的結局給我們警示，希望當我們身邊發生不如意的事情時，大家可以保持理性和冷靜，正確地去看待問題，找到合理的解決問題的方式。因為只有辦法才能解決問題，情緒絕對不能。

那麼面對外遇問題，處理方式是怎樣的呢？

其實方式只有三個，兩個對的，一個錯的；但是很遺憾，大多數人會選擇錯的那個。

我們先來看對的：

1. 原則問題零容忍：離婚。沒毛病，知道自己無法承受，內心會有陰影，那麼彼此不為難，也放愛一條生路，果斷利索地結束痛苦。

2. 只給一次機會：記住，就一次。機會給多了就沒有意義了，對方會不斷試探你的底線，當你沒了底線，也就沒有尊嚴了。既然決定不離婚，就等於你默認原諒對方，從此往事不能再提，更不能指桑罵槐。

說完了對的，我們再看看錯的，就六個字：不原諒，不放棄。

這就壞了，我並不原諒你，或者嘴上原諒，其實心裏並不這麼認為，行為也沒有，每每提及就氣憤難消，但是還不離婚，這就是漫長的煎熬之路，彼此消耗。

不想婚姻解體，該怎麼做？

如果出現外遇的情況，我們還不想婚姻解體，該怎麼做？

1. 認識外遇的本質，並對此承擔適當的責任。甚麼叫外遇的本質？就是原因在哪裏，婚姻的裂縫在哪裏。所謂蒼蠅不叮無縫的蛋，百分之九十九的外遇背後有彼此親密關係本身的問題。比如案例中的王女士，情商偏低，脾氣暴躁，老公在家裏不被尊重，男人的虛榮心得不到滿足，這就是一個巨大的隱患；那麼外面一旦出現一個溫柔似水、對他欣賞有加的女人，出問題就是早晚的事了。如果王女士能意識到自己本身的問題，冷靜地去調整，關係才有修復的可能。

2. 認識到自己的核心需求是甚麼。那些做法錯誤的人，都是忘了自己的核心需求是甚麼。你是想挽救婚姻關係，不是要作下去讓婚姻破裂。事與願違的原因，往往就是我們知行不一。既然目的是為了修補愛，那麼你就要用愛的方式去面對問題，他是犯錯了，就算是十惡不赦，你大可以「槍斃」他，也就是離婚；如果不離，那你就要去整改、教育，而不是放棄。

3. 努力地去重拾彼此的信任。關於信任的重拾，也是我們後面要開設專題去談的問題，這是一個難題，不要強求速度。在修復感情的過程中，信任是最難也最慢恢復的，需要一定的時間，在彼此真誠的努力下，用事實去重拾彼此的信任，而絕對不是説説而已。在心理上給自己正念的暗示，選擇信任對方很重要。

4. 重拾起性親密關係連接。性在婚姻關係中的重要作用毋庸置疑，無論是作為生理需求上的滿足還是愛的表達，都十分重要。重拾起性親密關係這種改變可能會讓人感覺很不適應，但是唯有改變才能讓過往有問題的親密關係恢復正常，甚至變得更健康、更加可持續發展。兩人要重修舊好，如果有和諧的性關係，就好辦了。

5. 學會寬容，看到閃光點。寬恕與愛一樣，是一種觀念，也是一種選擇，你是否能或者願意去原諒的選擇。這裏的寬容的範圍並不僅僅是指對他的不忠行為的原諒，還包括原諒他在以前犯的不是很明顯的錯誤或做出的令人失望的行為。對方出現外遇問題後，我們往往會以負面眼光去看人，原來對的地方也不對了，錯的行為也會放大。我們要調整這樣的心態，甚至多看到對方的閃光點，去強化自己的覺得他好的記憶。

6. 自我原諒和救贖。這一部分我們在後面的自我救贖內容裏還會有專題講述。其實在另一半出軌後，除了原諒伴侶對你造成的傷害，也應該考慮原諒自己因為報復性極端行為造成的過失和錯誤，以及給伴侶、家庭和自己造成的傷害，承認並接受自己並非完美之人。自我寬恕可以讓你從自我評價和自我否定的狀態中解放出來，讓你更清楚地認識自我，認清自己真正珍視的是甚麼。

7. 可量化的承諾契約。承諾本身沒有任何意義，但如果它們伴隨確定、具體的行為，就會顯得真實可靠，讓你的伴侶相信你有心改變。因此兩人可以協商一些具體可行的行為指標，如外遇對象若聯繫自己，一定主動報備伴侶等。

今日作業

列舉一下你的親密關係中出現的最大問題，並給出一個可量化的解決方案。

沒有天生就不想好好過日子的男人，當他所需要的東西家裏都沒有，他就容易被外面的人引誘；所以，用心經營自己，用心營造家庭氛圍，用愛留住愛。

——北辰

03 告別刻板印象，撕下負面標籤

心理學關鍵詞

定式效應

「定式效應」是指有準備的心理狀態能影響後繼活動的趨向、程度以及方式的心理學效應。隨着定式理論的發展，我們不僅可以用定式這個概念來解釋人們在感覺、知覺、記憶、思維等方面的傾向，也可用這一概念解釋人們在社會態度方面的傾向。通俗地說，就是用既定印象去審視你的行為和判斷。

我來講個故事：有一個農夫丟失了一把斧頭，懷疑是鄰居的兒子偷的，於是觀察對方走路的樣子、臉上的表情，感到對方就像偷斧頭的賊。後來農夫找到了丟失的斧頭，再看鄰居的兒子，竟覺得對方言行舉止中沒有一點兒偷斧頭的賊的模樣了。這則故事描述了農夫在心理定式作用下的心理活動過程。所謂心理定式是指，人們在認知活動中用「老眼光」——已有的知識經驗——來看待當前的問題的一種心理反應，也叫思維定式或心向。

婚姻中最有原則性的問題，應該是出軌了，也是一種很難修補的背叛。

既然說到修補，那被修補的東西就一定是壞了、漏了，或者破損了。我們就拿一口鍋來說事：今天我們說的是信任，所以一口鍋漏了，你不想放棄，那麼就需要相信它可以修補，且修補後不會漏，還能用。說白了，鍋再漏了你再扔也不遲。可是很多人犯了一個致命的錯誤，那就是鍋漏了，不修補，或者修補了也不用，還不扔。

婚姻關係也一樣，不管問題有多嚴重，你只要不離婚，就等於漏了的這口鍋你還得繼續用，那就需要信任對方，否則他還是無用的。

那麼如果出現原則問題，婚姻仍要繼續，你應如何來修補這段關係呢？其中，最大的障礙可能就是「定式效應」下的信任危機了。

在人際交往中，「定式效應」表現為人們用一種固化了的人物形象去認知他人。例如：我們與長者交往時，會認為他們思想僵化，墨守成規，跟不上時代；而他們會認為我們年紀輕輕，缺乏經驗，「嘴巴無毛，辦事不牢」。與同學相處時，我們會認為誠實的人始終不會說謊；而一旦我們認為某個人老奸巨猾，即使他對你表示好感，你也會認為這是「黃鼠狼給雞拜年——沒安好心」。你也可以理解為這就是我們通常所說的「貼標籤」。

心理「定式效應」常常會導致偏見，阻礙我們正確地認知他人。在親密關係中，一次被背叛，或者出現家暴行為，很可能就會在對方心裏留下陰影，讓對方出現思維定式的情況，導致信任坍塌。

大家聽一個案例：

我的聽友小敏和先生是大學同學，談戀愛三年，畢業一年後步入婚姻殿堂，孩子目前三歲。老公的外貌屬剛開始一看不覺得是帥哥的那種，但是相處愈久，感覺他愈有男人味，而且很重情，也很會說話哄人。她本以為兩人可以這樣細水長流地走下去，但自從老公頻繁出現回家晚、常出差的情況，再加上敏感訊息她就有了懷疑。她猜疑得愈多，兩人爭吵得愈多，兩人之間的感情也越來越差。

後來我通過了解得知，她老公是陷入了一段糾纏的婚外戀情中，自己有所悔悟，但是兩個致命因素讓他一直猶豫：一個是對方不肯放手，另一個是妻子不再信任他。

我們也剖析了他們婚姻中的主要問題：

第一個問題：情感框架弱，限制多。小敏性格較為強勢，事業心強，吃不了虧，為人直爽，有話直說。但她的情感框架極弱，在感情中自我意識很強，性情多變，情緒變化不定。

情感框架弱，會讓感情變得失去方向，今天這個樣，明天那個樣，反正就是「公主」樣，誰都得圍繞着她轉。這種「弱不禁風」的感情，哪怕沒有第三者入侵，也是岌岌可危的。

第二個問題：信任危機爆發。小敏最初開始面對老公的出軌時，沒有設立框架和底線，進行正確應對，而是以懷疑和偵查來應對問題，這無疑是錯誤的做法，不僅不能矯正對方的錯誤，反而給足了對方疏離的藉口。在這個過程中難免出現爭論和認識不同的問題，大家千萬不要以自己認為正確的方式來解決問題，而不顧對方的傷心及你所造成的傷痛。其實婚姻中很多問題是因為小得不能再小的事情而起，只是戳中了對方的痛點導致他情緒失控。

婚姻中的信任危機絕對不可能是在很短的時間內發生的，一定是積累到某種程度，達到一定質變所產生的結果。

第三個問題：逃避問題，失去最佳談判時機。在小敏發現老公出軌後的一段時間裏，雙方是有機會解決問題的，但小敏沉浸在自己的負面情緒裏，沒有嘗試尋找解決負面情緒的辦法，任由負面情緒左右自己的判斷；因此在老公主動示好時，沒能及時回應，錯過了最佳談判時機，變得被動起來。

化被動為主動解決問題

當婚姻出現問題時，你一定要先冷靜下來，找準對方的弱點和弱勢時間，順勢而上，化被動為主動。

防止信任危機和婚姻危機相互影響惡性循環，需要做到：

1. 重建自我價值。我們在自我建設部分也講過，此時要轉移一些注意力到自我身上。

2. 重建有效的溝通機制。信任危機往往從拒絕和放棄溝通開始，所以兩人之間一定要恢復有效溝通。

3. 降低敵意和攻擊性。用愛說話，是我們反覆強調的說話方式。我們無法信任一個敵人。

下面我給出修補信任的具體行為，建議出現信任危機的伴侶們製作一個表格，每天列出當天所做的相關行為，避免遺漏。這些行為如下：

1. **讓伴侶更多地掌握自己的行蹤。**如果你要出差，給伴侶確切的出差地點，減少你出差時過夜的次數。主動説明，可以減少對方猜忌和查驗的惡性習慣，同時這也是一種尊重。

2. **增加與伴侶相處的時間。**按時回家、與家人一起吃晚飯等。沒有比你在對方身邊更靠譜的表白和解釋。

3. **告知伴侶自己這段出軌關係的後續。**告訴伴侶你的情人是不是聯絡過你；如果有過原則問題，那麼你們現在究竟怎麼樣了。這一點一定是伴侶密切關注的，內心無法停止猜測，不如你主動彙報，不斷強化給對方的安全感。

4. **增加對伴侶的自我暴露。**告訴伴侶你在想甚麼、你的感受是甚麼，讓伴侶知道你最喜歡他哪些方面，不喜歡他哪些方面等。這是在做情感連接，增加自我透明度。

5. **多去參與共同聚會。**多花些精力在對方的朋友、家人有關的群體活動中，表達責任與關切；多營造共同出現的機會，也是一個很好的方法。

重塑信任是一個漫長的過程，同時我們也需要看對方的意願。大部分人很難做到重塑信任，大多在重塑的過程中就漸行漸遠了，或者是被背叛方已經沒有辦法再次愛上對方了，選擇分開。

人都有慾望，這很正常，慾望會驅使我們去做很多事，但如果你深愛對方，就不要讓慾望凌駕在你的愛意之上。

今日作業

找出一件近期發生的、你不信任對方的事，嘗試着換個正向角度去理解他做這件事的初衷；嘗試着去給對方一個機會，溝通一下事情發生的真正原因。

不信任源於我們對過往事件的耿耿於懷和猜忌；所以，打破不信任的唯一法則就是力求還原當時的真相。

——北辰

04 警惕帶有普遍意義的「騙局」

心理學關鍵詞

巴納姆效應

「巴納姆效應」又稱星相效應，說的是人們常常認為一種籠統、一般性的人格描述十分準確地揭示了自己的特點。即當人們用一些普通、含糊不清、廣泛的形容詞來描述一個人的時候，人們往往很容易接受這些描述，認為描述所說的就是自己。著名魔術雜技師巴納姆（P.T. Barnum）在評價自己的表演時說，他之所以很受歡迎，是節目中包含了每個人都喜歡的內容，所以他使得「每一分鐘都有人上當受騙」。

「巴納姆效應」可以說明被動接受的真相。

你現在應該明白了，為甚麼有些星座或生肖書刊能夠「準確地」指出某人的性格。那些用來描述性格的詞句，其實根本屬「人之常情」或基本上適用於大部分人身上。換言之，那些詞句的適用範圍是如此空泛，以至往往說了等於沒說；例如：水瓶座的人理性而愛好自由，巨蟹座的人感性而富有愛心，巨蟹座的人就永遠沒理性。但水瓶座的人就缺乏愛心嗎？我們不去否定那些描述存在的價值，畢竟它存有統計的基礎在。

如果一對情侶在星座學中是不甚相配的，即使兩人都不迷信，他們在心理上也必然會承受一股不小的壓力，在往後交往的時間中，若有了摩擦，心中既存的那種「原來真的不合適」的預設就會被強迫成立，兩人最終難逃分手命運！事實上，我們每個人一生中都有無數次被動接受的可能。

有聽友在我的後台私信說：「跟老公結婚才十年，一切都變了。當初戀愛的時候，他哪兒都好，結果婚後，原來是個假把式。以前跟老公出去約會甚麼的，他都會尊重我的意見，會好幾天前問我想去哪兒，想吃甚麼，或者有甚麼忌口的。現在呢？我說甚麼他都不聽，完全不把我放在心上。臭男人真的變了。」

是的，這個男人變了，不僅如此，這樣的例子還有很多。真相是：所有男人結婚後都會變的，沒有一成不變的人。那到底是甚麼原因，造成婚前的公主變成婚後的僕人，婚前的青蛙變成婚後的王爺了呢？一句話：你喪失了親密關係的主動權。我們來看看喪失主動權的常見可能性：

1. 過於愛。你的愛太滿，就把自己擠沒了，你的世界都是他，裝不下自己。

2. 過於付出。付出的人幾乎沒有不渴望回報的——記住，這是真理——付出多了，不滿意就多了。

3. 過於關注。無論對誰，關注過度，會讓對方疲憊、乏累。你想，你背後總有眼睛，你難受不？

4. 過於隱忍。忍久了會「習得性無助」，會習慣這種心理自虐，對方自然就習慣欺負你。

5. 過於害怕。萬事一怕，準會導致一連串的無原則行為出現，而且很多事情你愈怕發生愈會發生。

在親密關係中，誰主動誰被動。我們前面也講到了自我控股的部分，你如果完全忘我地投入一段感情，就等於自己折損了股份，你就變得貶值或者一文不值，那麼被動在所難免。

兩個人在一起，和平共處是一門學問，那些令你不舒服的感覺，都是男人吃定你的表現。

那我們要怎麼做才能避免被男人「吃定」呢？

自己要重視自己

這個時候就需要我們重新建立一下自己的「情感框架」了。情感框架可以理解為設置一個底線和邊界，就是說你要在你們相處的過程中，為對方建立一個行為限制；當對方做了某個行為之後，你要做出相應的反應，用來決定對方對你的態度。有了這個框架，我們在兩性關係中，才能牢牢抓住主動權。

那我們該如何在親密關係中建立情感框架，奪回屬自己的不安全感，把主動權牢牢地握住呢？很簡單，說得直白點兒，就是在和對方相處時，時時表達自己的訴求，有不滿的地方，你一定要說出來，不要繼續無底線地付出和「跪舔」。對對方要求的事情，你不想去做，就完全不需要一味地服從，大不了他就是你人生中一個階段裏的一個男人而已，完全沒有必要為了他打破自己的底線，去委曲求全。而且一旦你服從了他的要求，那麼本來是你握在手中的主導權，就被你拱手相送給他，而在感情中的心理位置，自然你也會慢慢處於低位。

接下來你的付出越來越多，需求越來越多，投入的沉沒成本越來越多，也就越來越離不開這段感情，自然而然就會被男人「吃定」了。所以在戀愛中遇到對方讓你覺得不舒服的地方，或是你不想去做的要求，就直接說，和對方溝通，不要做一個同情心氾濫的人。因為這樣往往你得到的不是男人的感動，而是男人的不重視。所以最重要的是，自己要重視自己，才能夠得到他人的尊重。

心理學認為，男人在情感中追逐一種若即若離的感覺。也就是說，你不要對他說：「這輩子我跟定你了。」要讓他感覺，你有時候在乎他，有時候可以沒有他。讓他感到需要用一點點努力，才能和你追逐嬉戲，玩戀愛的遊戲。比如說，你可以每天只發一次訊息給他，每次撩他一下就去做自己的事情，每次發訊息盡量是高度濃縮精煉的感受。（盡量談感受，不要講一堆廢話和沒營養的故事。）具體怎麼撩，自己去琢磨。每次他的興趣被勾起來的時候你都可以不回覆，或者不着急回覆，這樣讓他的情感被壓制和沉澱一下，當情感被壓制得越來越多的時候，他可能某一天會抓着你問你到底在不在乎他。

怎麼奪回主動權？我給你幾招：

1. 學會說「不」：我們的傳統文化教會了很多人「忍耐」，可能當時自己也覺得這是小問題，但是無數的小問題其實就是原則性的問題。當縱容變成習慣，你的承受能力會被一點點地消磨，等到問題由量變到質變，一切都晚了。

比如你的伴侶習慣性地把髒襪子脱下來丟給你，你就別抱怨了，因為這是你一直沒有說「不」的結果。要麼就伺候得心甘情願，要麼就在開始時說「不」。

2. 關愛自己： 很多人會抱怨伴侶不夠關心自己，你有沒有想過，你自己足夠關愛自己嗎？一個不忽略自己的人，才能贏得別人對你的重視。別人對自己的關愛，不是索取來的，更不是求來的，而是影響得來的，同樣需要教育。

比如你生病的時候，需要他把水端到你的床頭，而不是發條訊息告訴你多喝水；比如過情人節他如果沒有給你買花，你就自己買一大束花以他的名義送給自己，這就是不忽視自己，這就是教育。

3. 平等協商： 任何問題、爭端，大多來自我們處理問題的態度，委曲求全和強勢說服都是錯誤的行為，都會讓局面很被動，無論是自己不甘心地妥協還是讓對方勉為其難地接受，其實都是表面上的風平浪靜、息事寧人，並沒有解決根本問題。所以凡事能不帶主觀情緒地平等協商，最後贏得雙方都滿意、都接受的結果，才是良性溝通。溝通絕對不是聽誰的，是聽對的。

4. 絕對控股： 這個問題我們之前也提到過，很重要，其實就是讓自己保持永遠清晰的自我認知。你是誰？你的地位和作用、責任和義務是甚麼？控制自己在婚姻家庭中投入的股份，能擁有相應的話語權，這是不被動的關鍵。

試想：一個連基本的生存能力都沒有的人，要依託伴侶生活，那麼何談主動權？

今日作業

堅持一個月不去翻看他的手機，不去問他是誰來的電話和訊息；他回家晚了不打電話一遍遍地追問他在哪兒，和誰在一起。試試看有甚麼奇效。

自己給自己安全感，強大到他的安全感也由你來掌控，你就是最安全的。親密關係中，誰能給予對方安全感誰就佔據主導地位，誰索取誰被動。

——北辰

05 擁有弱者心態，永遠成不了強者

心理學關鍵詞

習得性無助

「習得性無助」（Learned helplessness）是美國心理學家馬丁·塞利格曼（Martin Seligman）一九六七年在研究動物時提出的，他用狗做了一項經典試驗：起初把狗關在籠子裏，只要蜂音器一響，就給以難受的電擊；多次試驗後，蜂音器一響，在給電擊前先把籠門打開，此時狗不會逃，而是不等電擊出現就先倒在地上開始呻吟和顫抖。狗本來可以主動逃避，卻絕望地等待痛苦的來臨，這就是「習得性無助」。

我們先從親密關係的角度來說說「習得性無助」。

百分之九十的情侶是因為「性格不合」分手的，百分之八十的夫妻最終也是因為性格不合離婚的，百分之七十的人一生中曾被別人以「性格不合」為理由拒絕過。

我們先來了解一下：到底甚麼是性格不合？

性格不合是指因性格原因使得人與人之間產生分歧，現在多被情侶用作分手的藉口，是一種看似完美、沒有新意的藉口。

性格不合是謎一般的存在，似乎成了所有關係土崩瓦解的一個廣義理由。它不僅僅適用於愛情，友情也一樣。

所謂性格不合是泛指，不合主要是由雙方的性格、脾氣、處事態度、習慣、生活背景、教育程度、家庭出身、社會經歷等不同而產生的。遷就和忍讓必須是相互的，也就是一方欣賞另一方的優點，同時包容另一方的缺點。單方面的遷就只能造成一方心理不平衡，不合也就產生了。

也有人說，其實所謂的性格不合，是「三觀」不合，我覺得有道理。但是如果兩人「三觀」不合，只要你不強迫我，我不要求你，還是可以相處的。而如果按照內向、外向來區分性格，也會有人說我愛說話、愛表達，你不喜歡，你沉悶，這就是性格不合，也挺對的。同樣，如果你接受他，不要求他和你一樣，你們也沒問題。

註：三觀，是指世界觀、人生觀、價值觀。

所以你有沒有發現一個秘密：性格不合不是你們分手的原因，不接受別人和你不同，才是！

也有人說，性格不合說到底就是還不夠愛，或者愛夠了。我對此深以為然。

性格不合是分手的理由？

聽友小郭來找我諮詢情感問題，委屈地說，結婚不到兩年，老公現在回家話都不和她說一句，她自己卻是特別有傾訴慾望的人，可是老公每次都特別不耐煩，會說：「夠累的了，你那麼點無關痛癢的小事，就別煩我了。」而且兩人鬧了矛盾就冷戰，還得她主動和他說話……

這情況乍看上去，你會不會覺得兩人這是性格不合？我起初也這麼以為的。但是後來小郭說，原來談戀愛的時候，她老公可幽默了，專門逗她開心，她一生氣他就講笑話哄她，她就想：有這麼一個活寶，多幸福啊！可是誰想到，兩人結婚後她老公就變了。

你看吧，這是性格使然嗎？絕不是，後面的劇情就更有意思了。

小郭說，有一次她在星巴克喝咖啡等客戶，意外發現了自己的老公和另外一個女孩子談笑風生，講着笑話，像極了當年他追她時的樣子。

你看，原來所謂的性格不合，只是他不願意和她相合了，他還是那個幽默健談的男孩子，只是不會對她那樣。當然，因為沒有任何證據，我告訴小郭，不值得傷心，她也沒必要因為這事鬧離婚。她老公對她未必就沒有感情了。但是有一點可以確認，他們的感情陷入了疲憊期，需要更新一下了；類似我們的手機、電腦需要定期升級一下系統。

經過兩次諮詢，包括我和小郭老公的一次約談，很快就找到原因了。因為有幾次她老公嬉皮笑臉地開玩笑，但是恰逢小郭生理期或者為公司的事焦頭爛額，於是就以「你怎麼還這麼幼稚」回敬。另外小郭比較強勢，在家庭中大多是自己訴求很多，表達慾望很強，慢慢地她老公就不想說話了。

找到了原因，問題也就解決了，我告訴小郭多在乎一下別人的感受，多傾聽，給他在家裏撒歡的機會。

心理學上有一個很有名的「習得性無助」概念，說的就是在日積月累的生活中，弱勢一方會慢慢地放棄努力和爭取。比如一個經常一上台就緊張、結巴的人，就會認為自己不適合演講；一個經常被否定、被忽視的人，最後會變成自卑、自認沒有價值感的人。

性格不合這件事的確是可以磨合的，你忍一下你的暴脾氣，我收一下我的急性子，畢竟沒有哪兩個人是天生合拍的。所以懂得包容和忍讓的感情不是性格不合，真正的性格不合，是他既無法理解你的立場和興趣愛好，也不願意跟你磨合。

兩個人在一起，一開始是跟他的優點談戀愛，後來卻發現，你需要和他的缺點過日子。因為對方的優點貌似越來越少，缺點越來越多。

揭開了情侶式夫妻以性格不合作為分開的理由的真相，你可能會問：性格不合到底該怎麼辦？別急，來了解一下硬核知識點。

與其說是兩個人性格不合，不如說是兩個人對情感的處理方式和表達方式不同。心理學依戀理論認為，戀人之間的依戀類型可以分為安全型、疏離型、糾結矛盾型和焦慮型。當你了解了這幾個類型並分析出你自己和伴侶的類型，就好辦了。

1. 愛情依戀類型為安全型的人，很有趣，擁有我們通常所說的不知道哪裏來的謎一樣的自信，這類人未必很優秀，但是心態絕對一級棒，讓人很有安全感，愛得輕鬆，處得自在。就算出現問題，人家也不當回事；不管你怎麼生氣，人家依然說「你怎麼這麼愛我」。

相處秘籍：珍惜他吧，也順便表揚一下自己。哪有無緣無故的安全感，說明你做得好，他心態好。真正的愛都是讓人舒服和輕鬆的，不是讓人提心吊膽、誠惶誠恐的。

2. 愛情依戀類型為疏離型的人，在感情中害怕受傷害，比較容易退縮和躲避。在面對熾熱的情感時，這類人會感覺到莫名的壓力和不安。這種心態迫使他們只能採取躲避、疏離的方式來迴避對方的感情，外表看似冷漠的他們內心也備受折磨。

相處秘籍：保持合適的距離和溫度，不要過度主動和給予，強加的感情會讓人有壓力。你和這類人相處最好的節奏就是：我一直在，你隨時叫我，陪伴就是最好的，腳步別太快，愛別太滿。

3. 愛情依戀類型為糾結矛盾型的人，表現為一會兒想親近你，一會兒又怕你煩人，一會兒想獲得關注和照顧，一會兒又擔心被笑話不夠獨立；在推來搡去之間，你們很容易產生矛盾，因為他自己就是矛盾的。這類人如果和他的伴侶分開，特別容易被定性為和別人性格不合。

相處秘籍：多表達自己的訴求，直言相告，自己需要對方做甚麼，喜歡對方怎樣，同時也引領對方主動表達他的要求和想法。對付糾結的人的最好辦法就是直來直去，坦然告知。

4. 愛情依戀類型為焦慮型的人，害怕被拋棄和冷落，會全身心地投入戀愛之中。他們會給予對方他們的全部，也想要對方為他們付出真心。如果對方沒有給出及時的回應，他們就會變得焦慮不安，越不安越想要對方通過一些行為證明對方的愛。

相處秘籍：這類人容易燙手，熱度太快、太高，正因為自己付出很多，你如果照單全收了，危險就來了；因為一旦他不滿意，沒有得到想要的回報，就會失望。所以，這就像跳社交舞一樣，雙方保持一定的安全距離，讓感情狀態像平行的鐵軌，最好別虧欠太多。

吵架背後看到對方的需要

說完了這部分，我們再說說大部分性格不合的表象：吵架！

吵架不怕，就怕你們沒從彼此吵嚷的背後看到對方的需要，吵着吵着，把愛給吵沒了，家也吵散了，並直接把鍋甩給了性格不合。

兩個人要奔着一輩子共同生活去過，哪能沒個意見不同的時候？從戀愛到結婚生子，再到相伴到老，雙方沒點兒智鬥雞毛蒜皮的事的本事，這婚姻準得鬧得雞飛狗跳。這是生活裏常見的吵架模式。一件雞毛蒜皮的事，夫妻雙方只站在自己的角度看問題，一旦自己的觀點不被接受，問題就不斷放大，從說事轉換到攻擊對方，再從攻擊對方聯想到兩人不合適，最終分手。

他們潛意識裏覺得：你是最了解我的人，就應該認同我的觀點，我也不用對你客氣。你如果不認同，咱倆就是性格不合。女人總希望男人能哄着自己，讓着自己，可是忍讓一時容易一世難。女人剛開始表達自己的觀點時，就帶指責口吻，對方下意識地就會進入「戰鬥」狀態。後來女人生氣逼着男人離開，盛怒的男人沒有退路。

其實生活裏的小事，夫妻雙方很容易做到雙贏的結果，只是我們不願意換位思考，不願意動腦筋去創造機會。生活中只看「得失」的夫妻，只會把關注點聚集在對方言語的攻擊上，而不會思考對方不滿的原因。

當對方與你意見相左時，可能是因為習慣不同、觀點不同，或者某件事觸發了對方的核心情結。只有當你透過爭吵的表象，看到背後的原因，你才能真正理解對方。

今日作業

找出一個原來你不接受的對方的性格缺點，嘗試換一個角度，看能否培養出欣賞和覺得對方可愛的情緒。

人海茫茫，找個「三觀」相合、性格相投的人，太難；你不如從現在開始，學着求同存異，學會看見彼此的需求，帶着尊重和理解去愛你的伴侶。

——北辰

第二章

情商篇

06 巧用「好奇害死貓」，制服逆反

心理學關鍵詞

禁果效應

顧名思義，「禁果效應」指的是理由不充分的禁止，反而會激發人們更強烈的探究欲望。

就好像被禁食的果子特別甜，被禁止的事情偏有人去做，這就是禁果逆反效應。

在古希臘神話中，萬神之首宙斯有位侍女叫潘朵拉。有一次，宙斯派她去傳遞一個魔盒，並千叮嚀萬囑咐不能打開盒子。然而正是宙斯的告誡，激起了她不可遏制的好奇心和探究慾望，於是她不顧一切地打開魔盒；結果，盒子裏裝着的所有罪惡都跑到了人間。

其實，正是宙斯「禁止打開」的命令促使潘朵拉將盒子打開，這就是心理學上所說的「禁果效應」。

一九八八年，電影《寡婦村》在上映前貼出「兒童不宜」的告示，很多影院門口掛上了「未滿十八歲不得入內」的牌子。這恰恰激起了很多未成年人的極大興趣，大量觀眾懷着好奇心走進影院：愈不讓我看，愈要想方設法地看一下到底有甚麼。結果大家發現影片根本沒有出格的情節，於是媒體紛紛展開討論，該片因而成為中國內地影片拿分級當炒作手段的第一個案例。

《寡婦村》的炒作很好地說明了「禁果效應」的應用。

「禁果」的典故，講的是夏娃被神秘智慧樹上的禁果所吸引去偷吃，被貶到人間。這種被禁果所吸引的逆反心理現象，被稱作「禁果效應」。由於青少年處在特殊的發育期，好奇心強，逆反心理重，因此在他們身上常出現「禁果效應」。總是有父母來向我諮詢，說自己的女兒一直是個乖乖女，怎麼現在快要高考了戀愛、撒謊樣樣俱全！肯定是哪個男生把她給帶壞了！

也有年輕人來抱怨，說他們兩個人談得好好的，家長就在中間各種阻撓，說甚麼門不當戶不對，男的家裏條件不好怎麼怎麼的。愈是這樣，女方愈是覺得男朋友可憐，愈要反抗父母，甚至想過一定要和男朋友一起白手起家讓父母瞧瞧，沒錢也可以過得很好。

……

很多很多這樣的例子發生在我們周圍。事情最終的結果如何呢？

真正能最終走到一起而且過得還不錯的情侶其實很少，特別是在學生時期，畢竟學生時期戀愛的人，最終能夠不影響學習的沒有幾個。

青年時期談戀愛，因為父母百般阻撓，孩子光顧着和父母對着幹而沒有真正去了解對方是一個甚麼樣的人，在日後的婚姻中才了解對方的缺點和矛盾點要比談戀愛時期複雜得多。

這種反抗下的心理現象到底是甚麼？

這還是「禁果效應」。

所以，如果我們沒有充分的理由，而對事情簡單地禁止，那麼該事物就會對個體產生特別的吸引力。在之前的文章中我提到過逆反心理的其他兩類非常經典的效應，那就是超限逆反和自我價值保護逆反。

其實不僅僅是青春期的孩子，就算在成人世界裏也有逆反心理，那麼面對逆反心理，我們怎麼有效地進行溝通呢？

第一，超限逆反；也就是機體過度接受某種刺激後出現的逃避反應。

比如爸爸媽媽們喋喋不休地告訴孩子要好好學習，好好利用時間，但在這種勸導下，孩子的回饋大部分是：「唉，你不要再説了，好煩啊，我都知道了你還説！」

孩子依舊浪費時間，依舊玩手機不看書，這就是逃避的反應。

家長需要做的是，在你認為一個比較好的時間點裏和孩子單獨聊一聊：他眼中的自己現在是甚麼狀態，爸爸媽媽看到的又是甚麼狀態？如果他想要達到某個目標，需要做到哪些才會有機會？如果他繼續這樣渾渾噩噩地過下去，會有甚麼後果？

而對不好好學習的後果，家長可以舉更具體的例子讓孩子有感官對比。

談過之後，家長需要給孩子一個緩衝的時間讓他去制訂計劃，父母也需要計劃家裏要怎麼有效配合以達到這個學習氛圍，而不是完全讓孩子沒有一點空閒時間，看到孩子在休息就讓孩子抓緊時間學習。

第二，自我價值保護逆反；是説當外在的勸導或者影響威脅到人們的自我價值的時候，人們就會有意無意地進行自我價值保護。

舉例來説，父母當着外人的面直接批評孩子做得不對，那麼孩子的第一個想法是沒面子，而不是自己做錯了。

接下來孩子的思想和行為就會是：我排斥和你説話，你不尊重我。那麼他又怎麼可能聽父母的教導呢？！

所以你要想有效地説服別人，不管是孩子還是朋友、同事，就必須給別人留面子，在維護他們尊嚴的前提下來協商。

羅密歐、朱麗葉分別是兩個家族的人。羅密歐來自蒙太古家族，而朱麗葉來自凱普萊特家族，這兩個家族可是世代為仇，老死不相往來，可來自蒙太古家族的羅密歐和凱普萊特家族的朱麗葉偏偏就相愛了。在兩個家族的百般阻撓下，兩人仍然相愛，為我們留下了一個非常美麗的愛情故事。

心理學家研究過這種現象：是不是家庭阻撓得愈狠，這兩個情人相愛得就愈深呢？心理學家卡爾找了九十一對已經結婚的夫婦，這些夫婦都是家裏面的人非常反對他們結婚的，但是他們仍然結婚了。卡爾又找了四十九對還沒有結婚，但是已經戀愛了八至十個月的情侶，也是家裏面的人無比反對他們在一起的。

然後卡爾對他們進行觀察和測試，經過十個月，調研統計出數據，發現受家族裏面的人反對得愈狠的夫妻，到最後反而相愛得愈深。這就是「羅密歐與朱麗葉效應」。

所以啊，那些棒打鴛鴦的父母該思考一下了！

除了在教育領域，在營銷方面，「禁果效應」也是屢見不鮮。

禁果效應會加速訊息傳播

「禁果效應」是饑餓營銷的鼻祖：「禁果效應」會加速訊息的傳播。

據説馬鈴薯從美洲傳到法國的時候，法國的好多權威人士認為馬鈴薯對土壤不好，馬鈴薯就是鬼蘋果；所以老百姓人心惶惶，都不願意要馬鈴薯。而法國的農學家就得想辦法，這麼好的食材，怎樣在法國進行推廣？農學家圈了一塊土地，並且與國王商量好，派衛隊把土地包圍起來，不讓別人知道在這裏面偷偷地種上了馬鈴薯。

老百姓就很好奇裏面是甚麼東西還得用國王的衛隊看守，防衛如此森嚴？

終於有一天衛隊撤走了，老百姓一看沒人趕快進去，弄了幾根馬鈴薯苗出來種到自己的地裏，看看這到底是甚麼好玩意兒。結果長大之後就是馬鈴薯。老百姓一吃發現特別好吃，於是紛紛種上了馬鈴薯。農學家和國王就是利用了「禁果效應」幫助馬鈴薯在法國推廣的。

當然，「禁果效應」也可以應用在不好的地方。

某些明星見新聞上好久沒有他的消息了，為了刷一下存在感，就刻意製造一個緋聞，然後故意被狗仔隊拍到。狗仔隊一拍，第二天的社交媒體上就會有一大堆消息，讀者就開始八卦了，都喜歡看看，娛樂一下。而這個明星遮遮掩掩故意不出來澄清事實，等到這個事件發酵到一定程度，才出來澄清一下。這個明星會因為曝光率獲得很大的收益，瞬間提高知名度。

「禁果效應」是客觀存在的一種心理現象，我們應該科學地去使用它，幫助自己和他人成長，推動社會進步，這才是我們的意義所在；而不能拿它去愚弄大眾，這是我們不倡導的。

今日作業

用「禁果效應」嘗試着去對屢教不改的孩子進行一次説服，比如他愛睡前吃糖，比如他不愛吃蔬菜。

人人都有逆反心理，你越是控制越是容易失控，只要是能放在桌面上談論的問題，就都可以解決，千萬別變成暗流湧動。

——北辰

07 學會把真正的訴求藏起來

心理學關鍵詞

拆屋效應

你可能沒有想到，這個源於西方的心理學理論，這一次卻是我們的文學巨匠魯迅先生提出的。魯迅先生曾於一九二七年在〈無聲的中國〉一文中寫道：「中國人的性情總是喜歡調和、折中的，譬如你說，這屋子太暗，須在這裏開一個窗，大家一定不允許的。但如果你主張拆掉屋頂，他們就會來調和，願意開窗了。」這種先提出很大的要求，接着提出較小、較少的要求的現象，在心理學上被稱為「拆屋效應」。

我們在日常生活中經常有被拒絕的經歷，既然是提要求，那麼一定是你特別希望對方滿足你的要求，被拒絕一定不是你想要的結果；那麼如何增加被接受的可能，意義就十分重大了。

我們來看下面的場景：

孩子說：「媽媽，我想吃一個橙！」

媽媽：「我沒空，忙着呢！」

孩子說：「媽媽，我想吃一個蘋果！」

媽媽：「這孩子，還是給你一個橙吧，蘋果還要削皮，媽媽正忙着呢！」

大家看明白其中的玄機了嗎？小朋友想吃橙，直接提出來，那麼就是一個沒有對比的單項要求，被拒絕的可能性很大。如果小朋友提出一個更複雜的要求，和「吃蘋果」比起來，「吃橙」的小要求就更容易被接受。

拆屋效應：想不被拒絕，有時候必須隱藏自己的第一訴求。

我們如何來解釋這種現象呢？我們拿兩種情況做一下對比，第一種是先提出一個不合理要求，再提出一個相對較小的要求；第二種是直接提出這個較小的要求；比較哪種情況下的要求更易被接受。試驗結果表明，在前一種情況下提出的要求更容易被人們所接受，而直接提出要求不容易被接受。通常人們不太願意連續兩次拒絕同一個人，當我們拒絕第一個無理要求後，會對被拒絕的人有一種歉疚感；所以當他接着提出一個相對較易接受的要求時，我們會盡量滿足他，而不太願意連續兩次擺出拒絕的姿態，是因為我們並不想因為自己的行為而讓人覺得自己想拒絕這個人。

拆屋效應也是在談判中常用和有效的技巧。有時候我們需要在談判一開始就拋出一個無理而令對方難以接受的條件，但這並不意味着我們不想繼續談判下去，只代表一種談判的策略罷了。這是個非常有效的策略，能讓我們在談判一開始就佔據比較主動的地位。但記住這只是「拆屋」，如果我們想讓談判真正有所進展，不要忘記「開窗」。所以，如果當你的一個要求別人很難接受時，在此前你不妨試試提出一個他更不可能接受的要求，或許你會有意外的收穫。

拆屋效應的產生是由於：在面臨不希望發生的事時，有兩種心理機制啟動，一是設法採取一些措施避免事情的發生；二是開始調整矛盾心理，準備接納會發生的事實。如果在調整矛盾心理使之進入平衡狀態時，出現的一個新的選擇與內心平衡狀態相近，這個選擇就很容易被內心接納。

有心理需要，就會有心理效應的產生及其社會能量的釋放。

我們必須正確引導人們的心理需要和心理效應，使之充分發揮積極的社會作用，同時及時糾正其負面影響，避免出現失誤和偏差。比如剛才的案例，很多孩子就是在用「拆屋效應」威脅家長。

我們假設出現這樣一種情況：

有一個朋友問你借錢，一開始說自己需要一萬塊錢，儘管你們關係不錯，你很信任他，但你心裏可能還是會猶豫。

當你還不知道是否要拒絕又或者該怎麼拒絕他的時候，他說他也知道你的難處，只希望你可以借他兩千塊，其他的他自己想辦法。

這個時候你可能二話不說就借了，而且之後還會有種莫名的愧疚感，覺得自己沒盡到一個朋友的責任。

如果你是這樣想的，那我告訴你，你被欺騙啦！

那我們該如何解釋這種現象呢？

其實對比一下在下面的情況大家就能明白了。如果這位朋友一開始說想問你借兩千塊錢，你答應了；但是他立刻又說，可能還不夠，能不能再借他八千？這個時候你是不是會覺得對方不真誠，好像在試探你的底線，還有種對方得寸進尺的感覺？

對他的第二個要求，你會更有底氣去拒絕，因為你可以理直氣壯地說：「我已經借過錢給你了，盡到了朋友的義務！」

但如果他一開始就對你提一個不合理的乃至過分的要求，你會拒絕，這時他提第二個小要求的時候，你出於一種歉疚心理，一般會滿足他。

拆屋效應在日常生活中應用得非常廣泛，最常見的就是砍價了。賣家先説一個價格，這個價格一般會高於最終的售賣價格，甚至是成本價的好幾倍，説出來就是讓你砍的。而買家一開始提一個低於賣家預期的價格，然後雙方再一點點地談判，一個往下降，一個往上漲。這已經是大家默認的一個規則，我們都知道這不代表你不想賣我不想買，只是一種談判的策略罷了。更重要的是，雙方都會非常滿意：賣家會覺得，最起碼最終的成交價不是一開始買家説的那麼低，一直在慢慢漲；買家也覺得自己賺到了，能砍一點兒是一點兒嘛！

除此之外，我們提過的薪資談判也是一樣的。你一開始提的應該要高於你本身的心理期望，然後給老闆「砍價」的空間。如果你一開始就咬定了某個價格，他可能會覺得你怎麼這麼死心眼，即使最後答應你了，後續對你的態度也可能發生改變。

靈活運用「套路」技巧

我們都希望通過一個方法讓別人答應我們的要求，你可以理解為，這是我們為了達到訴求，使用的「套路」；但是另外一方面，了解這些方法，同時又可以防止被「套路」，在正反之間，把握合理的原則和尺度，就很重要了。

最後我教大家幾招拆屋效應的應用技巧：

1. 知己知彼，拎得清。你要在心裏有一個相對客觀準確的評估，對本次事件或者要求，自己有幾成把握，自己對對方的了解程度如何。比如，如果你確定自己在公司舉足輕重，確定上司很需要你，那麼大可以用提出離職的方法來獲得自己想要漲工資的真正心理訴求。否則，你可能就會「夢想成真」，真的被辭退。

2. 不要碰觸對方的底線。對有些男人來說，女人一吵架就容易提離婚，這是很讓他反感的事情，但是一直隱忍着。而很多女人習慣了，任何要求不被滿足就提離婚：不給買手袋，離婚；不借錢給我弟弟，離婚；教育孩子的理念不同，離婚。殊不知，雖然離婚從不是她源自心底的訴求，但是終於有一天她「被自己離婚」了。

3. 切忌對同一個人頻繁使用。很簡單，誰都不傻，有時候我們給予的滿足是看穿了以後的寬容和接納。當你頻繁地對一個人使用拆屋效應時，被看出虛偽和套路的可能就很大。雖然這不失為一種更容易讓人接受的方法，但是用多了，就顯得缺乏真誠，過於有機心。

出發點要被接納理解。如果要求是惡意的，充滿欺騙，那麼早晚會被識破；如果是善意的，甚至充滿愛的，就更容易被接受和寬容。初心有時候就是決定事情成敗的關鍵。

今日作業

運用拆屋效應，嘗試去實現一個近期最重要的訴求吧！

要求怎麼提出來，是技巧和情商的體現，但是再高的情商也抵不過真誠和善良。

——北辰

08 有的問題和情緒，暴露了就有了答案

心理學關鍵詞

霍桑效應

在美國芝加哥市郊外的霍桑工廠是一個製造電話交換機的工廠，具有較完善的娛樂設施、醫療制度和養老金制度等，但工人們仍憤憤不平，生產狀況也很不理想。為探求原因，專家們做了一個「談話試驗」：即用兩年多的時間，專家們找工人單獨談話兩萬餘人次，規定在談話過程中，要耐心地傾聽工人對廠方的各種意見，並做詳細記錄，對工人的不滿意見不准反駁和訓斥。這一「談話試驗」收到了意想不到的效果：霍桑工廠的產量大幅度提高。這被稱為「霍桑效應」。

「霍桑效應」給我們的啟示是：人在一生中會產生數不清的意願和情緒，但最終能實現和被滿足的為數不多。對那些未能實現的意願和未能被滿足的情緒，切莫壓制下去，而要千方百計地讓它宣洩出來，這對人的身心有利。

工人長期以來對工廠的各種管理制度和方法有諸多不滿，無處發洩，談話試驗使他們將這些不滿都發洩了出來，從而感到心情舒暢，幹勁倍增。「霍桑效應」就是當人們在意識到自己正在被關注或者觀察的時候，會刻意去改變一些行為或者言語表達的現象。

我們分析後發現，工人的工作效率大大提高的原因，有兩點：

1. 受關注讓人感覺良好。「談話試驗」當中有一個試驗內容是把六名女工安排成一組，當六名女工被抽選出來成為一組時，她們就意識到自己是特別的，是受到關注的。這種被需要、被關注的感覺，會讓她們認為自己是被重視的，讓她們加倍努力地工作，以證明自己是優秀的。

2. 成員間良好的相互關係。工人們長期以來對工廠的各項管理制度和方法存在諸多不滿，無處發洩，訪談計劃的實行恰恰為他們提供了發洩機會。他們發洩過後心情舒暢，士氣提高，產量自然得到提高。這種將監督與控制改為談話的方法，能夠改善人際關係，改變工人的工作態度，促進產量的提高。

從上述例子中，我們可以看出「霍桑效應」的作用：誇獎和鼓勵真的可以造就一個人，被期待者更容易成功，這和「羅森塔爾效應」（見第一百五十八頁）有異曲同工之處。

表達內心的需求

你認為自己是甚麼樣的人，就能成為甚麼樣的人。

人的一生中，總會有各式各樣的願望，有些願望看似很遙遠，很難實現，但當你堅信自己可以做到，並有旁人一直鼓勵你的時候，你離你的願望是最近的。每個人的人生中都充滿了可能性，只要你相信自己是特別的，總有一天你會成為特別的存在。

「霍桑效應」在親密關係中的應用：表達內心的需求。

經常有諮詢者問相似的問題：我老公經常發火，發那種讓我完全莫名其妙的火；最近我說話他就鬧我，孩子也跟着遭罪。其實這就是某一件事在表達和溝通時，引發了心理上的情緒鬱結，需要我們耐心地加以引導，給出釋放和發洩的通道。

「霍桑效應」給我們的啟示同樣如此，適當發洩那些未能實現和未能被滿足的情緒，是很必要的行為。

從剛才的案例中我們可以分析出，男人其實比女人更加敏感，只不過大多數情況下，女人選擇訴說，男人則選擇沉默。男人和女人之間的溝通在兩個人的關係發展中起到重要的作用。

女人應當多認真傾聽男人內心的真實想法，這樣對方才會願意向你傾訴；另外，他也會覺得自己得到了重視。

個體只有在被需求、被重視的情況下，才有可能放下心理上的多重防禦。

女人和男人之間的關係同樣是如此，男人只有覺得自己在女人眼裏是重要的，才會更加積極地去對待這段感情。

當人們意識到自己被另一半關注的時候，就會刻意地去改變。那些並沒有得到積極關注的男人，更容易選擇離開女人。一些選擇逃離家庭的男人，在做出決定之前，可能和妻子冷戰了很長時間。女人在面對男人的漠不關心或者錯誤的時候，總是妄圖用冷暴力或者歇斯底里的責罵來指責男人。然而事情往往並沒有向着女人期待的方向發展，這樣做反而會讓男人更加厭倦女人，甚至覺得女人是在無理取鬧，自己在這個家庭之中缺少價值。

「霍桑效應」積極的一面，就是一個人因為受到關注會具有變得更好的內在動力。

我們不得不承認，在大部分時候，人是渴望被關注的，就如同渴望被愛一樣，是一種與生俱來的需要。

「霍桑效應」有兩個重要結論：

1. 在企業內部更有影響力的，是非正式的職場關係；同理，在家庭內部更有影響力的，也絕非父子或者母女這種輩分倫理關係。

2. 人的情緒，是會被帶入工作或者生活中進而影響效率和結果的。也就是說，負面情緒會通過一個看不見的渠道快速傳染，並且影響這個組織的工作、生活質量和效率。

當你不被重視，這種情緒常見的發洩渠道有兩種：

1. 憋在心裏，排解不出去，自己鬱悶，或者自我否定說這是小事情，不該那麼在意。但是糾結本身就是情緒被影響的表現，而負面情緒會影響你的生活。

2. 說出來，跟自己的朋友抱怨兩句，甚至在辦公室裏發牢騷，或者進行「踢貓效應」的重複演繹。

不管是哪一種，結果都是要麼只有當事人的情緒受影響了，要麼這一個人的情緒影響幾個人，而每個人都有自己的圈子。千萬不要小看「圈子效應」，這種負面情緒一定會繼續蔓延，從一個人的小圈子蔓延到另一個人的小圈子。

那麼，按照「霍桑效應」，一段時間內，你就可能因為一次小情緒而陷入巨大的負面狀態。但其實，更可怕的是被「無視」。可能對方完全沒看到，可能完全不在乎，這很危險。

有一個故事是關於馬化騰的。

馬化騰看到手下一個上市公司 CEO 發了一條朋友圈，內容大致是，晚上十二點加班開完會，還是要鍛煉，決定跑步回家。

馬化騰留言：「你是換了衣服再揹着背囊跑嗎？」

對方回：「在辦公室換了衣服，背囊讓司機送回家。」

馬化騰又回覆：「路上的人和車那麼多，讓司機送你到體育場或者室內跑，會更安全吧？」

能成為騰訊帝國的掌門人，馬化騰當然有他的偉大之處，比如這件小事反映出的為員工規避風險的意識。

有人說馬化騰是能「一眼看到底」的人，能通過一句「十二點跑步回家」就說出換衣服、注意人身安全的話，這是具有極其深刻的洞察力的表現。

從管理角度來看，員工是企業最重要的資產，提醒員工規避安全風險，就是無形中保護公司資產的做法。你替別人規避風險，就是替自己規避管理風險。

「企業主管很多時候就像一顆火種，當你要點燃組織，給予組織正能量的時候，要藉助一個所謂的正當渠道，這種正當渠道往往比較慢熱。但是，如果你有一個不當行為傳遞出負能量的時候，它往往會先點燃一個非正式組織，而且會燒得很徹底，讓非正式組織的每一個成員深深地沉浸在負能量之中，然後它會迅速向其他非正式組織傳遞。」

今日作業

嘗試着和人溝通一下壓在心裏很久、一直隱忍，卻在影響你的情緒的想法。

從旁人的角度來說，善意的謊言和誇獎真的可以造就一個人；從自我的角度來說，你認為自己是甚麼樣的人，你就能成為甚麼樣的人。

——北辰

09 麻煩把你的批評藏好了，別裝耿直男

心理學關鍵詞

三文治效應

在批評和改變心理學中，人們把批評的內容夾在兩個表揚之中，從而使受批評者愉快地接受批評的現象，稱為「三文治效應」。這種現象就如三文治，第一層總是認同、賞識、肯定、關愛對方的優點或積極面，中間這一層夾着建議、批評或不同觀點，第三層總是鼓勵、希望、信任、支持和幫助，使之回味無窮。這種批評法，不僅不會挫傷受批評者的自尊心和積極性，受批評者還會積極地接受批評，並改正自己的不足。

我説一個很溫暖、很舒服的話題：用愛説話。

這不但是最高的情商，也是溝通中最高的技巧，而且成本很低，也最討好。

不管你學了多少説話之道，不管你看了多少有關情商的書；記住，一切高情商表現都不是玩弄技巧、處心積慮，而是以愛為出發點的溝通。

而且這種愛，需要是對方真正需要的、能收到的，不是你主觀強加的、你認為的。

所以北辰有一個原創的觀點：愛要以對方收到為準。

案例：醫院裏妻子陪護生病的丈夫。

妻子：「你看看你，做了這麼久，我就説你不適合當主管，一個小小組長，算個甚麼級別？甚麼也不是。做到經常入院，錢沒賺多少不説，你還得罪一大堆人，出院後趕緊去辭職！」

丈夫：「你別嚕嗦，回家吧！這裏不用你了。」

妻子：「好像誰愛管你一樣，好心不得好報！」

好了，本來妻子一邊給丈夫按摩一邊説這些，現在跑到醫院走廊上去哭了。能放心走嗎？一會兒她還得擦乾眼淚回病房照料丈夫。

你看，其實妻子是好心，但説的話完全不對味。如果她換一種讓丈夫聽出愛的方式，就完全不一樣了。

妻子：「老公，我們家原來多好，沒事我們還能一起上街逛逛，週末陪孩子去動物園。自從你當了主管，假期沒了，還天天加班。你看把你累的，我可心疼了。」

丈夫：「唉，能怎麼辦？我不也是為了這個家嘛！」

妻子：「老公，你人實在，公司上的事你也挺費心的，這兩年頭髮白了不少，你才四十歲啊！錢也沒多賺，不如辭職，我和兒子不求富貴，只要你平安就好。」

丈夫：「嗯，我考慮一下。辛苦老婆了，下班就跑來醫院，要不你回去吧，孩子還沒吃飯呢！」

你看看，這是不是截然不同的兩種效果？前者充滿怨懟，後者充滿了憐愛。

所謂的用愛說話，其實就是最簡單的情感連接。如果你說話不走心，沒有考慮對方的感受，或者本來出發點就是指責和埋怨，那麼這既不叫溝通，也必定無效，甚至會激發對方的反抗行為。因為你沒把愛夾在裏面，他自然就收不到善意的信號，也無法和你連接成功。這樣雙方的立場就是敵對的，或者你進攻我防禦。

著名的三文治效應也再次說明了這種「欲貶先讚」的批評方法會有好的效果。大家運用此方式的時候，可以注意以下兩個方面：

1. 批評和希望對方改變的時候不能指責、埋怨對方。因為指責容易讓對方產生抵觸、逆反等不良情緒，這會強化對方的敵意，激化矛盾。

舉例：「你這人就是有拖延症，交代的事情從不馬上完成，到最後糊弄交差，你看又出問題了吧！以後甚麼重要的事也不能交給你，準出錯！」

簡單的一句話，犯了幾個錯誤：第一，貼標籤，人身攻擊；第二，指責性評價，完全忽略對方的努力了；第三，妄下結論，全盤否定。

從例子這段話中我們基本可以判定，對方有失誤，但是這樣的溝通方式有多少效果呢？雖然事實上你很可能是因為說了無數次這樣的話，而對方也無數次沒有改變，所以才這麼生氣；但是這也從側面證明了這樣是無效的，對方就算意識到自己錯了也不會改變，或者嘴上接受，心裏不服氣，甚至會有抵觸情緒，比如找出你的一個類似弱點攻擊你。因為人在被攻擊的時候，一定會開啟下意識的自我保護機制，就是奮起反抗。

運用三文治理論，你就可以這樣說：

「小劉，你表現得一向不錯，熱情、努力，客戶給的評價也不錯，可是因為時間規劃不合理，加上意外的因素，導致這次出錯了。如果你多給自己一點兒預留時間，是不是會更完善呢？加油吧！我看好你。因為你是我們重點培養的對象，所以我才對你要求嚴格。」

你看一下區別，同樣一段話，可想而知後一種說話效果會更好。這就是三文治理論的應用，先肯定和表揚，後面是具體意見和改正方法，最後是希望和鼓勵。

如果是你，更願意接受怎樣的批評和溝通方式呢？

一個是被全盤否定，一個是被積極肯定。前者會衍生出上司對我失望的想法，進而出現自己或抱怨或放棄的結果；後者會讓自己心中充滿慚愧並立志做得更好。

人在犯了錯誤的時候，大多是心存愧疚的；所以當你批評教育別人的時候，早就掉進了他事先準備好的防禦系統裏。但是如果你改道，用三文治理論，就會有意想不到的效果。對方用不上準備好的對抗和解釋狡辯系統，會心悦誠服地接受批評並改正錯誤。

2. 慎用反駁的方式講話。生活中有些人總喜歡用否定的方式講話，即説話前先否定別人的話語，這易讓人產生反感。

舉例：

「哎，你看，黃姐今天的衣服顏色真好看。」

「我可不覺得，難看死了，和她偏黃的皮膚襯在一起像是生病了，感覺特別糟糕。」

要是你，聽了這話會感覺舒服嗎？就算對方是家人朋友，關係再親密，你也會不開心吧！

第一，被直接反駁、否定，每個人都會不舒服。

第二，背後説的話很可能傳到當事人那裏，你一下得罪了兩個人。

如果換一種方式：

「我也覺得，特好看，但是我更喜歡黃姐昨天的紫色連衣裙，顯得她皮膚白，而且特別高貴神秘呢！比今天的適合她。」

大家看出門道了吧！這也是三文治理論的應用。我先肯定你評價衣服好看的看法，再把我自己的意見夾在中間，並沒有完全隨聲附和，最後也説出了這件衣服其實不適合她的觀點。這樣不但和你對話的人不會尷尬，而且就算這段對話被當事人聽到，當事人也不會不舒服。

心理學裏還有一個「喜好效應」，説的就是用愛説話，用容易讓別人產生好感的話，甚至讚美、理解、尊敬來打開對方的心門，讓溝通舒暢地進行。

人們總是能夠接受自己喜歡，或者與自己相似的人提出的要求或者建議；所以，生活中我們要學會投人所好，包括知曉對方的穿著打扮、言談舉止、興趣愛好等，同時要給予對方適當的讚美。人與人之間的溝通，在最初的幾分鐘內很難產生共鳴；所以當我們試圖説服他人或有求於他人時，最好不要太早暴露自己的意圖，不妨先投其所好，而後再施以影響。

當然兩次表揚中間夾一個建議，其實目的是批評和希望對方改變，只不過它還能彰顯你的真誠，讓讚美不那麼浮誇，讓人覺得你是真的希望他完美，是用愛在説話。

你只要牢記，讓對方感受到愛，溝通就不會失敗。還有，三文治效應和喜好效應，一定要舉一反三，多聯繫應用。

今日作業

試試用三文治效應來和你的伴侶或者孩子進行一次溝通吧！

沒有人有義務原諒你的壞脾氣，也沒有人願意為你的低情商埋單；何況，有時候壞脾氣和低情商就像一對孿生兄弟，它們都是不善良的後代。

——北辰

10 你不是應該這樣，別人也不是就應該那樣

心理學關鍵詞

過度理由效應

每個人都力圖使自己和別人的行為看起來合理，因此總是為行為尋找理由。人們一旦找到了認為足夠的原因，一般就不會繼續尋找下去；在尋找行為原因的時候，總是先找那些顯而易見的外在原因。外部原因足以解釋行為的時候，人們一般就不再去尋找內部深層次的原因了。

一九七一年，心理學家德西和他的助手使用試驗的方法，很好地證明了過度理由效應的存在。他以大學生為試驗對象，請他們分別單獨解決測量智力的問題。

試驗分為三個階段：

第一階段，每個被試者自己解題，不給獎勵；

第二階段，將被試者分為A、B兩組，A組被試者每解決一個問題就得到一美元的報酬，而B組依然不給獎勵；

第三階段，自由休息時間，被試者想做甚麼就做甚麼，其目的是考察被試者是否維持了解題的興趣。

結果發現：

B組在自由休息時仍繼續解題，而A組雖然在能獲取報酬時解題十分努力，但在不能獲得報酬的休息時間裏，明顯失去了解題的興趣。

第二階段時給A組的金錢獎勵，作為外加的過度理由，造成了明顯的過度理由效應，使A組被試者用獲取金錢獎勵來解釋自己解題的行為，從而使自己原來對解題本身有興趣的態度出現了變化。

到第三階段，一旦失去獎勵，態度已經改變的A組被試者就沒有了繼續解題的理由，而沒有受到過度理由效應影響的B組被試者，第三階段仍保持着對解題的熱情。

過度理由指附加的外在理由取代人們行為原有的內在理由而成為行為支持力量，從而行為由內部控制轉向外部控制的現象。

生活中，尤其是性別心理學告訴我們，男人和女人會用「過度理由」給自己的行為和習慣找藉口或者指導原則：

你是男人，所以不能哭；你是女人，所以要留長髮；

你是老公，需要養家；你是老婆，所以要更溫柔。

你會發現，過度理由效應很容易發生在過分講究「1」和「0」的角色分配的情侶身上。經常有男方抱怨自己的伴侶不懂得付出，一味地索取，女方則不以為意地覺得這是作為老公應該盡的責任。究其原因，正是兩人的關係長期陷於單一流向導致的。

一開始，作為「老公」的一方確立了自己「1」的角色以後，為了顯示自己的寬大肩膀，用心呵護自己的伴侶，不斷地從各個層面去付出；另一方則拼命地體現自己的「小鳥依人」感。久而久之，過度理由效應便產生了作用，兩人不自覺地就將情侶關係的定位停留於表面的「施予和獲得」這個利益層面上，而忽視了深層次的感情交流、生活適應和個性融合等方面。

最後，索取的一方的直接慾望越來越膨脹，而付出的一方到最後往往變得疲憊不堪。到分手時，一個會覺得對方自私自利、只為了得到好處而和自己在一起；另一個會一味地指責對方根本不愛自己，或者另有新歡才不再對自己付出。

所以，單純地付出雖然能夠暫時保持表面上的火熱與緊密關係，但這同時也是分崩離析的前奏。一旦這種付出由於對方與日俱增的慾望而無法為繼時，那就預示着悲劇的上演，因為讓對方相信那個能維繫兩人關係的表面理由已不復存在了。

有這樣一個有趣的故事：一位老人在一個小鄉村裏休養，附近卻住着一些十分頑皮的孩子，他們天天互相追逐打鬧，喧嘩的吵鬧聲使老人無法好好休息。在屢禁不止的情況下，老人想出了一個辦法。他把孩子們都叫到一起，告訴他們誰叫的聲音愈大，誰得到的報酬就愈多，他每次都根據孩子們吵鬧的情況給予不同的獎勵。到孩子們已經習慣於獲取獎勵的時候，老人開始逐漸減少所給的獎勵，最後無論孩子們怎麼吵，老人一分錢也不給了。結果，孩子們認為受到的待遇越來越不公正，認為「不給錢了誰還給你叫」，再也不到老人所住的房子附近大聲吵鬧。

行為如果只用外在理由來解釋，那麼一旦外在理由不再存在，這種行為也將趨於終止。因此，如果我們希望某種行為得以保持，就不要給它足夠的外部理由。

一開始，小朋友們蹦跳是自發的，從中獲得的樂趣是唯一支撐他們繼續跳的內在理由，老人的斥罵也阻止不了這種熱情。而後來，老人家引入了利益這一外在刺激，小朋友們逐漸忘記了原本自己是為甚麼要在這裏跳，獲得獎勵變成了蹦跳的唯一目的。當獎勵這一外在理由消失後，小朋友們就沒有理由說服自己繼續跳下去了。

公司老闆如果希望自己的職員努力工作，就不要給予職員太多的物質獎勵，而要讓職員認為他自己勤奮、上進，喜歡這份工作，喜歡這家公司；希望孩子努力學習的家長，也不能用太多的獎品去獎勵孩子的好成績，而要讓孩子覺得自己喜歡學習，學習是有趣的事。

如果人的某一行為有充分的內在動力（內部理由）支撐，則人們對此行為與其理由的認知是協調的。但如果給予更具吸引力的外在刺激（外部理由），則人們對此行為的解釋，會轉向這些外部理由，人們的行為就從原來的內部控制轉向了外部控制。一旦外在理由消失，人們的行為就失去了理由支撐，從而傾向於停止此行為。

別人對你的好，勿視為理所當然

過度理由效應在親密關係中的表現：

感情這種東西很奇怪，一開始的時候，都是你儂我儂；但隨着相處時間的增加，相互之間的埋怨、指責就會越來越多。那究竟真的是另一半對我們差了，還是我們沒有看到他們的付出？這就跟過度理由效應有關了。

比如說：丈夫知道妻子喜歡花，所以每週五都會買一束花回家送給妻子。一開始妻子會覺得很感動，認為這是丈夫對她的愛的體現；但時間久了，妻子有可能就會把這種愛看成是「責任」，認為丈夫送花給自己是正常的，是責任。

這就導致如果某一天丈夫因為工作或其他事，不能買花帶回家，妻子就會覺得：他是不是不愛自己了？他為甚麼不再像以前那樣了？在他心裏我肯定變得不重要了。

從這個例子我們可以看到，「責任」是妻子認為丈夫會這麼做的外部原因，而「愛」是丈夫真正為甚麼會這麼做的內部原因。

當妻子認為責任可以解釋這一行為時，就忽略了丈夫會這麼做的內部原因。所以，有時候夫妻之間相處，除了要看到責任，我們還需要看到責任背後的愛。

在我們的日常生活中，可能經常會有這樣的體驗：朋友幫我們的忙，我們不會覺得奇怪，因為對方「是我的朋友」，所以他會幫我是意料之中的事。但如果換成一個陌生人來幫助我們，我們就會特別感激，認為對方是個「熱心幫助他人」的人。

可明明都是幫忙，為甚麼只是人不同，就導致我們的態度相差這麼多？這就是受過度理由效應的影響。

如何在生活中避免過度理由效應帶來的負面影響？

1. 深入發掘外部理由背後的原因。生活是由各種各樣的小事組成的，所以這裏我並不是說每件事都要刨根究底地尋求其深層原因，而是比如在爭吵之後，或者發生矛盾之後，我們要找到背後的原因。比如在戀愛關係中，一方使用冷暴力可能是因為缺乏安全感又自尊心高；比如你的作鬧，對方不再像以前一樣哄你，那麼可能對方已經厭倦了你的這種行為。這個時候你需要做出真正的調整和改變。

2. 不要給它過於充分的外部理由。如果我們希望某種行為得以保持，就不要給它過於充分的外在理由。比如你想讓自己的戀人更愛你，就不要給他過多的獎勵，不要對他過於親昵和無微不至；因為一旦這樣的獎勵沒有了，他可能就會不滿意，甚至和你分手。在日常生活中，有很多所謂的「應該」，我們總是賦予某種角色某種「應該」：作為男友就應該主動道歉，作為父母就應該給自己零花錢，作為朋友就應該隨時隨地站在自己這邊等等。

3. 沒有「應該」，牢記別人對你的付出。既然別人對你有所付出，你要想感恩，首先要做的一點就是牢記別人對你的付出。試想如果別人為你做了甚麼事情，你都不知道，又何談感恩呢？我們要看到內在原因，看到對方的付出，對對方的行動給予誇獎和讚美，表達你的愛，而不是覺得那是所謂的「應該」。

4. 你要的別人也想要，適當地付出。感恩不能只是一句話，必須有適當的行動，這些行動既是對對方的一種回報，也是一種感恩心態的表示。我們經常說，己所不欲勿施於人；同理，你想要的，別人也想要！我們要學會付出。

你拼命找到的外部理由，不過是讓你內心舒服的一個藉口而已；當你被這種藉口催眠，只會讓自己的目光越來越狹窄，鬥志越來越弱。

今日作業

找出親密關係中，你因為過度理由而「欺負」對方的一件事，並表示真誠的歉意。

這個世界有一種傷害，是你堂而皇之地給自己找的藉口；還有一種退讓，是你給對方找了一個欺負你的理由。

——北辰

第三章

成長篇

11 你愈不想發生的事，往往愈會發生

心理學關鍵詞

墨菲定律

一九四九年，一位名叫愛德華·墨菲的空軍上尉工程師，對他的某位運氣不太好的同事隨口開了句玩笑：「如果一件事有可能被弄糟，讓他去做就一定會更糟。」一句本無惡意的玩笑話最初並沒有甚麼太深的含義，他只是說出了壞運氣帶給人的無奈。或許是這世界不走運的人太多，或許是人們總會犯這樣那樣的錯誤，這句話迅速擴散，最後竟然演繹成「如果壞事情有可能發生，不管這種可能性有多少，它總會發生，並引起最大可能的損失」；「如果一件事情有可能被弄糟，讓他去做就一定會更糟」；「會出錯的，終將會出錯」等。

下面將分享生活中的幾件怪事，你應該經常遇到，並且印象應該非常深刻。

1. 在人多的時候，你會非常害怕自己被別人過分關注，害怕自己成為議論的焦點。比如被提問，你愈是準備不足，愈是很容易被選中。於是，你就會開始害怕在公眾場合活動。

2. 過馬路是一件非常普通的事情，當你有急事要做的時候，本想着能夠碰到綠燈，卻發現自己總是遇到紅燈，不得不耽誤一些時間。這種情況下，你會覺得等紅燈的時間異常漫長。

3. 外出旅遊之前，你明明已經準備好了各種物品，並且清點完畢；但剛出門，總會發現有些東西忘記帶上了。有時候離家不遠，你還不得不回家重新帶上，可惡的是，居然還找不到。

4. 等巴士也是一件令人非常苦惱的事情。你在巴士站等了很長時間，其他車輛已經到站，自己要乘坐的巴士卻沒有來。等到巴士終於來了，令人意外的是，同一時間來了好幾輛。

5. 燒烤活動是許多人生活的一部分，很多人樂此不疲。不過燒烤有一個很大的問題，就是煙太燻了；更氣的是，無論你站在哪裏，煙總會習慣性地往你所在的方向飄，這是非常奇怪的事情。

6. 穿新買來的衣服是很開心的事情，但新買的衣服有一個特點，就是更容易被弄髒；無論你怎樣保護，該來的總會來，讓人非常苦惱。

以上這些事情，在我們的生活中並不少見，而且肯定發生過不止一次。這是心理在作祟。「墨菲定律」是在告訴我們，很多事情我們是不能避免的；因為它們發生的條件非常容易達成，只要時間允許，它們總會發生，很難被阻止。

你所擔心的事大多會發生。

你可能有過這樣的經歷：

起床晚了，擔心上班遲到，結果還全遇到紅燈；擔心客户不好對付，對談判沒信心，結果真的失敗；孩子回來晚了，擔心不是被老師罰留堂，就是和同學打架了，結果也大多是這樣。

那你有沒有發現，這其中暗藏一個規律：你用足了力量去擔心的事大多會發生！

這絕不是宿命和概率問題，是科學。心理學早就告訴我們其中的奧秘了。

「墨菲定律」指的是，不要存在僥倖心理，你擔心的事情一定會發生。

我們再回過頭來看一下，其實我們所有的擔心都是因為此前已經有漏洞或者隱患在，所以我們的擔心等於負面能量的心理暗示。

上班遲到，不是紅燈的錯，其實在於你起床晚了！

談判失敗，不是客戶的錯，是你根本準備不足！

孩子的事，不是孩子的錯，是你平時的教育出了問題！

所以追根溯源你會發現，這些不好的事件的發生，大多有早就潛伏的原因。正因為你早就知道了隱患，所以擔心，甚至以往有過類似的失敗經驗，你才更加擔心。但是這樣的擔心毫無意義，除了促成噩夢成真的可能，別無他用。

擔心並不能阻止壞事的發生，只能起到加速的作用。

真正解決問題的不是思慮，是行動，是從錯誤中汲取教訓。

每個人都會犯錯，而且無時無刻不在犯錯；所以我們必須正視錯誤、面對錯誤，光害怕是沒有用的。

比如我們投資股票的時候，發現這家公司哪裏都好，就是隱約覺得利潤似乎有點兒不可持續，通常情況下，這種事情都會發生，幾年後利潤就會下降。反過來，我們做波段，本來是想賺個差價，最擔心的就是一賣它就漲，而通常結果也是「賣飛」了。這就是「墨菲定律」在起作用。

這一點相信大家都深有體會。比如你做股票模擬交易的時候，幾乎總是賺錢，買完了往往就扔在那裏了，甚至連這回事都忘了，也從不擔心虧損，但結果往往是賺大錢；而一旦投入真金白銀就開始患得患失，那些不好的事情也就都出現了。

當你過度憂患，並且擔心，即開始積累負面能量，所擔心的事情發生就成了大概率事件，而且因為消極和憂慮，可能會導致惡性循環，心態失衡，反而影響判斷，草率行事。

成年人的世界對錯本就不重要，你的方法對了，錯誤的事也會變成正確的，而方法錯了心態崩了，正確的事也會變成錯誤的。

「墨菲定律」告訴我們：容易犯錯誤是人類與生俱來的弱點，不論科技多發達，犯錯都會發生。所以，我們在事前應該盡可能地想得周到、全面一些，如果真的發生不幸或者損失，就笑着着應對吧！關鍵在於總結所犯的錯誤的原因，而不是企圖掩蓋它。

負能量導致負面結局

擔心、恐懼、焦慮本身就是一種強大的負能量，如果做一件事情之前，就有壞的結局設想，那麼就等於下意識中，你期待「一個壞的結果」發生。因為那件事如果不發生，你的壞情緒將一直持續下去；所以，唯一結束這種情緒的方式，就是它真的發生了。

「墨菲定律」的內容並不複雜，道理也不深奧，關鍵在於它揭示了在安全管理中，人們為甚麼不能忽視小概率事件的科學道理。概率在起作用，如老話說的「上的山多終遇虎」。如彩票，連着幾期沒大獎，最後必定滾出一個千萬大獎來；災禍發生的概率雖然也很小，但疏忽累積到一定程度，也會從最薄弱的環節爆發。所以關鍵是你平時要清掃死角，消除不安全隱患，降低事故概率。怕甚麼來甚麼，你閉着眼睛撞樹，是不行的。

由於小概率事件在一次實驗或活動中發生的可能性很小，因此就給人們一種錯誤的理解，即在一次活動中小概率事件不會發生。與事實相反，由於這種錯覺麻痺了人們的安全意識，加大了事故發生的可能性，其結果是事故可能頻繁發生。

如何防止「墨菲定律」的負面作用？

不過你也不需要太過着急，「墨菲定律」只是一種心理現象，其根本原因是個體潛意識在作怪。因為當你對某件事情過分關注時，就會形成一種心理暗示，當這件事情真正發生的時候，其影響程度就會被放大，導致你此時的反應比平時更加激烈。

我們只要對自己有足夠的信心，同時以一種正常的心態去對待這些事情，當它們發生的時候，主動採取措施補救，這樣才能夠最大限度地降低「墨菲定律」對我們的影響。

1. 積極應對，正面暗示，給自己能量。我們上台發言感到緊張的時候、對即將參與的事情感到害怕的時候，要學會給自己積極的心理暗示：「我能行！」、「我可以的！」正念的力量不容小覷，可以瞬間給你信心，讓你安穩。一瞬間，你似乎真的自信勇敢了很多，敢於面對挑戰了。

就像積極心理暗示的影響一樣，消極心理暗示同樣有作用，特別是在自己對事情沒有把握的情況下，自我暗示就更加強烈，導致事情更容易出錯。

所以，放寬心態很重要。

2. 一顆紅心，兩手準備，提前做好功課。當我們擔心一件事的時候，可以做好最壞的打算，但不要想太多。我還清晰地記得，當年參加高考的時候考場兩側的八個大字：一顆紅心，兩手準備！

其實這就是告訴我們，因為有了積極的備戰，充分仔細，所以才會胸有成竹，而盡力後，相應的結果是自然到來的。我們不必過於擔心，做好眼下的一切就好了。當你懂得了「墨菲定律」的作用，就能更好地意識到和控制自己的想法和行為。對可能發生的事先做好充足的準備，也不失為一種好方法。

3. 拒絕僥倖，放下焦慮，專注執行。僥倖心理，其實是「墨菲定律」對人類的懲罰，因為你明知道有問題，卻沒有阻止；你明明有陋習，卻沒有改正。以僥倖心理面對事情結局大多會告訴你，你沒有那麼幸運。所謂的幸運其實是努力帶來的，不是運氣。所以當你放下賭徒心態，踏踏實實地做足功課，填補所有漏洞時，就不會焦慮。你把努力放在事前的準備功夫上，執行的時候心無旁騖，只按照以往的經驗做就好。提前備戰，專注當下，不預設結局，因為一切會順理成章地發生。

今日作業

找出一件你平時不太敢嘗試、明知道對你有益的事情，用正念鼓勵一次，突破一下。

世間之事，大多公平，懲罰該懲罰的，獎賞該獎賞的，萬事必有因，有因必有果。你的擔心只有反面能量，從而促使惡果的到來。

——北辰

12 對自己投資，是回報率最高的理財方式

心理學關鍵詞

因果定律

「因果定律」是指，任何事情的發生都有其必然的原因。有因才有果，換句話說，當你看到任何現象的時候，不用覺得不可理解或者奇怪，因為任何事情的發生都必有其原因。事物如今的結果全是過去的原因導致的。「因果定律」以最簡單的形式告訴人們，如果生活中你為自己設定了想要得到的結果，就需要追溯前人，看一看那些得到這個結果的人是怎麼做的，並為這個結果不停地努力付出。如果你能夠做和成功人士一樣多的事情，獲得的結果也將和他們一樣多。這不是奇蹟，而是一個很自然的規律。

我們來聊聊自我投資這個話題。我做心理情感節目很多年，近兩年發現了一個特別有趣，但是也細思極恐的現象，就是原來女性佔主題的熱線數量明顯減少了，男性抱怨和傾訴的增多了。要知道我可是多少年來都被冠為「婦女之友」啊！這説明甚麼呢？更多的女人注重學習、成長、進步和覺醒，而男人們忙着抓經濟建設、投資理財，除了賺錢，忽視了自我其他方面的投資，情商、愛商、逆商，通通整體下降。

聽友老羅是一個企業高層，過去的日子裏過得水深火熱，用他的三句話概括就是：白天公司焦頭爛額，晚上應酬迫不得已，回到家裏雞飛狗跳。太太不理解他的工作。她是全職太太，因為老羅收入穩定，她很多年前就索性辭去工作，在家待着，每天除了逛街幾乎就一件事：看着他！把他看得死死的，老羅每到一處，必須報備。可是你知道男人有時候就是這樣，累到不行，偏偏回家還不得消停，他出軌了——外面有新鮮空氣啊！

他老婆絕望，和他「廝殺」，一陣「槍林彈雨」之後，女方找到了我，我讓她加入讀書會、禮儀訓練營，先忽略老羅，成功地轉移了注意力之後，把精力和時間都用在了自我建設上。有意思的是，這回老羅緊張了，不但主動斷了和「小三」的聯繫，還擔心起老婆了，認為是不是她有外遇。老羅來找我諮詢，問：「你知不知道我老婆最近的動向？她是不是有外遇了？她再也不看着我了，啥也不管了。」

我很正式地告訴他，他老婆的外遇叫：自我投資！

愛自己，就給自己增值

自我投資就意味着讓自己增值，讓自己更值錢。你看，這也迎合了我們第一課講的內容，自我定價高，你就變得有價值。

上述例子中，女人過去把精力和時間都花在了抱怨、牽制、懷疑上，收到的同樣是負能量的結果。

女人現在把精力和時間花在了自我投資上，自己越來越好，對方反而開始反省了。在處理家庭問題上有一個法寶：要改變別人的人是神經病，改變自己的人才是神。自我投資是為了實現自己更大的價值而提前做的投入。正因為你自己以前種下了因，所以才有今天的果。這也是「因果定律」給我們的啟示。

那自我投資有哪些方式呢？在這裏我就和大家分享一下。

方法一：要投資做一個有用的人。女人千萬別相信「我負責賺錢養家，你負責貌美如花」這樣的鬼話，就算當初說這話時他是真心的，但是養着養着，你怎麼都長得不如人家二十歲的人。所以女人輕易不要不工作，工作的目的真的不僅僅是賺錢，是讓自己不落伍、不貶值、不脫節。在業務技能上加大學習力度，進一步提升你的專業能力和素養，使你做一個對其他人、對集體很重要的人。

方法二：要投資一個有趣的靈魂。女人要提升自己在興趣愛好上的投入，把興趣愛好提升到一定水平，讓自己變得有趣、生動，這樣你的世界會不一樣，至少你不會對家裏的另一半死纏爛打，你有你的快樂源泉。這個世界上最高級的快樂是自己產出的，不是從別人那裏被動獲得的。

方法三：投資一個有消費實力的自己。提升自己的消費水平，這樣你既可以放鬆自己也可以增強自己賺錢的動力。記住，別太節省，你沒聽說過因為老婆太省錢，老公要離婚的故事嗎？記住，錢是用來花的，不花出去的都不是錢，能花的女人最能賺錢！

以上是幾個重點方面的方法，其實做一個全面系統的自我投資體系，沒那麼簡單。投資自己，它會讓你在任何場合都大放異彩。在我看來，最優秀的人，就是無論出現在哪裏，永遠不會被忽視。

自我投資要從改變心態、培養性格、陶冶情操、增加社會交際、自我激勵、終身學習、磨練意志、提高演講和說話能力、打造形象等方面深入展開。

自我投資的內容很寬泛，我們重點說幾個：

1. 投資說話：讓你做事能事半功倍，快速獲得別人的好感。說話是一門無與倫比的藝術。

談吐體現人的修養，演講是推銷自己的最好方式。我有一次和幾個老朋友去河南，一位男友人問路：「喂，二七紀念塔在哪兒啊？」人家沒搭理他就走了。我過去找了一個大姐：「美女您好，我們第一次來河南，特別喜歡二七紀念塔，想去看看，請問怎麼走？」大姐笑得跟朵花一樣：「哎呀！正好我也去那邊，就不遠了，跟我走。」她邊走邊講，我們連導遊都有了。

差異怎麼這麼大？這就是說話的魅力。

其實說話就是情商和修為的體現，禮貌、尊重、語音標準、安全感，都在話裏面了。

2. 投資社交：幫你完成很多金錢不能完成的事情。

多麻煩別人。

這和我們的傳統觀點背道而馳是吧？因為我們從小就被要求自己的事情自己做，少麻煩別人；但是在成年人的世界裏，記住一個鐵律：比起你從未開過口求助的人，幫助過你一次的人，更願意幫你第二次。

你在麻煩別人的同時，必定也要具有隨時願意幫助別人的心態。不信你仔細回想一下，你不願意求人，是真的怕麻煩別人，還是怕欠人情，怕別人反過來麻煩你？

成年後，我們不是獨自生存的，必須依存在社會關係中。你的社會支持系統就是互相麻煩帶來的，大家你來我往，才是朋友；互相不麻煩，也就少了聯繫，關係也就淡了、遠了。

如不相互虧欠，哪來藕斷絲連？不信你看看你的朋友圈，那些你從來不麻煩、也不麻煩你的人是不是都慢慢淡出了你的生活？你甚至忘記了對方，就算你通過朋友圈了解他的現狀，最多也就是「點讚之交」了。

3. 投資教育：讀書一定是成本最低、受益最大的投資。讀書的作用其實不用我多說了，但是我們在要求孩子讀書的時候都不遺餘力，對自己而言，你有多久沒讀書了？其實除了明顯是錯誤的、不健康的書籍，只要是合法出版物，無論甚麼書，大多數是值得一讀的。這裏面我想強調兩點：第一，也許書的內容沒那麼重要，就算不是知識性的書籍，至少可以幫助你養成閱讀興趣和習慣；所以你不要覺得讀閒書就沒用，它可以增加你的幸福感、體驗感。第二，任何紙質書都是有能量的，否則書香門第怎麼來的？書卷氣怎麼來的？一句話，圖書館和書店這兩個地方，就算你沒書可看，每天去走一圈，你的氣質都會不一樣；所以，拿起書來，在裏面發現不一樣的你。

4. 投資感情：感情是我們渴望一輩子的長線投資。最後我還想講一個小故事：有一次一個女聽友打電話給我講了一個很感人的故事。她一直以為丈夫不愛她，兩人結婚二十多年，她任勞任怨，家裏家外打理得很好。丈夫工作忙，也不善言辭，鄰里糾紛、家庭瑣事、孩子的教育，幾乎指不上他。她說自己為這個家真的付出太多了，甚至一度有過離婚的念頭。可是她想想這個男人也沒甚麼大缺點，甚至周圍的親友都說他好，兩人也就這麼多年挺過來了。直到去年，她突然因為腰椎病，幾乎半年下不了床。她想：完了。可萬萬沒想到，平時視工作如生命的老公，居然二話沒說把工作辭了，回家寸步不離地照顧她，學着妻子平時的樣子收拾家裏，做飯洗衣。女人說自己永遠忘不了老公辭職回家那天，她抱怨他怎麼不和自己商量，他說：「這有啥商量的，我是愛工作，但是和工作比，更愛你。」

你看，故事溫暖吧，催淚吧？故事開始你以為這是一個一直沒有收穫的女人對感情的投資，其實她只是以另外的方式，在另外的場合、時間下，集中收穫了。

今日作業

現在開始，為自己制訂一項自我投資計劃，並量化時間和效果。開始行動吧！

這個世界沒有無緣無故的事情，愛恨皆如此。投資定有回報，如果沒有，方向錯了。

——北辰

13 成功需要很長時間的努力，失敗卻只需要懈怠一瞬間

心理學關鍵詞

蝴蝶效應

二十世紀七十年代，美國一個名叫愛德華．羅倫茲（Edward Lorenz）的氣象學家在解釋空氣系統理論時說：亞馬遜雨林裏一隻蝴蝶的翅膀偶爾振動，兩週後就會在美國德薩斯州引起一場龍捲風。

原因在於：蝴蝶翅膀的運動，導致其身邊的空氣系統發生變化，並產生微弱的氣流，而微弱氣流的產生又會引起它四周的空氣或其他系統產生相應的變化，由此引起連鎖反應，最終導致其他系統的極大變化。

「蝴蝶效應」，指在一個動力系統中，初始條件下微小的變化能帶動整個系統長期的、巨大的連鎖反應。一個微小的變化能影響事物的長期發展。

我們先來聽一個故事：

有一天老張早上起床刷牙時，把他的手錶放在了洗手盆邊上。他的老婆怕手錶被淋濕了，就把手錶放在餐桌上。兒子起床去餐桌上拿麵包時，不小心把手錶碰到了地上，手錶摔壞了。

老張很喜歡這手錶，結果一看手錶摔壞了，很生氣，就打了兒子一頓，還罵了老婆一通。老婆不服氣，他倆大吵了一架，一氣之下，老張摔門而出，直接開車去了公司。快到公司時，他發現忘記帶公事包，裏面有今天要跟客戶提交的非常重要的文案。於是他趕緊回家去取公事包，結果老婆不在家，而他的鑰匙也忘在了家裏。老張只好心急火燎地打電話讓老婆回來開門。老婆急急忙忙地趕回家，因為太着急，走台階時不小心把腳扭傷了。老婆乘的士把鑰匙送回來後，老張已經遲到了，客戶已經先走了。公司老闆打電話狠狠地批評了老張，並且扣除了他所有的年終獎。老婆的腳受傷了，他不得不跟公司請假帶老婆去醫院治療，結果全勤獎也泡湯了。兒子今天要考試，因為早上被打了一頓，一天心情都不好，試卷沒怎麼寫就交了。學校老師打電話叫老張去談話。老張又要去醫院照顧妻子，又要去學校跟老師談話，還要寫檢討書給公司老闆道歉。

其實整個事情，手錶被摔壞只帶來了百分之十的損失，但因為這百分之十的損失不斷地被他們的情緒放大，最後給他們造成了百分之九十的損失！

這就是「蝴蝶效應」的殺傷力。

這就是我們大多數人每天的常態，聽到這裏你應該會倒吸一口涼氣吧！導致「蝴蝶效應」產生的真相是，沒有不好的事，只有不好的解釋。事情本身傷不到你，你對事情的看法會傷到你！

我再講一個讓你震驚的故事，是德國一個著名的作家曾經寫過這樣一個故事，是關於他和他兒子的。

他說有一段時間，他特別煩躁、焦慮，感覺甚麼事都不順心，生活一塌糊塗。有一次他兒子考試回來，把卷子給他看了一下，考試沒及格，他當時氣得就想打他兒子一頓，但是因為忙着出去，所以瞪了他兒子一眼就走了。第二天，他無意中看到了他兒子寫的日記。日記是這麼寫的：「昨天我考試沒及格，回家時很害怕爸爸會打我，結果爸爸沒有打我，還很慈祥地看了我一眼，真開心我有個好爸爸。」

這個作家直接傻了，又往前翻兒子的日記，同時把自己寫的日記也找了出來。兒子有一篇日記寫的是：「今天外面下着濛濛細雨，簡直太美了。」他又去看自己同一天寫的日記，自己寫的是：「今天是甚麼鬼天氣，老是下雨，簡直煩透了。」他又往前翻，有一篇，兒子寫的是：「隔壁湯姆叔叔拉的小提琴真好聽，音樂太美妙了。」他又看自己同一天寫的：「這個該死的湯姆，拉的甚麼破小提琴，簡直太難聽了，今天真是煩透了。」

他忽然間明白了，他的生活中遭遇的所有不順心，源於他對任何小事都會產生負面情緒，從而產生了「蝴蝶效應」，導致其他事也變得糟糕。

「蝴蝶效應」無處不在！

被科學家用來形象說明混沌理論的「蝴蝶效應」，的確存在於我們人生歷程中的各個角落：一次大膽的嘗試、一個燦爛的微笑、一個習慣性的動作、一種積極的態度、一次真誠的服務，都可以觸發生命中意想不到的起點，它能帶來的遠遠不止一點點快樂和表面上的回報。

「蝴蝶效應」也存在於我們的組織與社會的各個角落：一個壞的微小的機制，如果不及時加以引導、調節，會給社會帶來非常大的危害，被戲稱為「龍捲風」或「風暴」；一個好的微小的機制，只要正確指引，經過一段時間的努力，將會產生轟動效應，或被稱為「革命」。

「蝴蝶效應」指一件事情的毫無關係、非常微小的改變，可能對事情帶來巨大的改變。此效應說明，事物發展的結果，對初始條件具有極為敏感的依賴性，初始條件的極小偏差，將會引起結果的極大差異。

我們總會後悔在房價低的時候沒有買房子，後悔年輕的時候沒有珍惜身體健康，後悔錯過了絕佳的選擇，後悔傷害了那些最親的人，後悔該做的事情沒有做。如果世上真有後悔藥，你會吃嗎？吃了事情會有改變嗎？也許你甚麼都不能改變。冥冥中一切自有安排，當下就是最好的安排。

人生的每一步都算數。你之所以成為現在的你，正是無數個過往的累加，開心的不開心的、後悔的英明的、正的負的，都在其中。

將發展導向正軌

那怎麼才能通過「蝴蝶效應」，把事情的發展導向好的方向呢？

1. 做好你能做的所有細節：微小的動作，能改變我們的一生！亨利·福特（Henry Ford），福特汽車公司（Ford Motor Company）的創始人。他從大學畢業後，去汽車公司應聘，一同應聘的幾個人學歷都比他高，但是唯獨他被錄用了。因為在走進董事長的辦公室時，他把地上的一張廢紙扔進了垃圾簍。福特的這個不經意的動作，使他迅速開始了自己的輝煌之路，也使得福特汽車聞名全世界。其實這些看似偶然的事情，實則必然。

著名心理學家、哲學家威廉·詹姆士（William James）說過：「播下一個行動，你將收穫一種習慣；播下一種習慣，你將收穫一種性格；播下一種性格，你將收穫一種命運。」

2. 只做最重要的事情：分析事情歸屬，調整重心。我們每個人每天遇到的所有事情，基本上可以分為三種：自己的事、別人的事、老天爺的事！

比如，你需要去提交一個策劃案，那就是你自己的事。

比如，同事李姐的丈夫出軌，那就是別人的事。

比如，大街上到處在談論的世界末日，這就是老天爺的事。

人所有的煩惱都在於：不去做自己的事，總愛管別人的事，然後天天操心老天爺的事。你真正要做的是：做好自己的事，少管別人的事，接受老天爺的事。

如果你明白了這個道理，那你今天只需要做一件事：寫好你的策劃案。

3. 只做你能控制的事：接受並認同結果，不糾結過往，不空想未來。比如你需要緊急出差和客戶簽一份合同，儘管拼命趕時間，還是錯過了航班。那麼你能控制的就是接受錯過航班的現實，並且馬上想辦法改簽，和客戶做好溝通。

我們很多時候是在責怪自己怎麼會遲到，如果這樣，如果那樣，如果不這樣，會不會……還有，客戶會怎麼看我，老闆會怎麼看我，會有多大的麻煩、損失，萬一……考慮這些不是沒有價值，而是此時這些想法只會增加你的焦慮和煩惱，而對事情本身毫無益處，也就是非你可以改變和控制的。所以，這些煩惱，毫無意義。對所有你不能控制的事，你只能做四件事：接受它，面對它，解決它，放下它！

4. 降低期望值：你所有的痛苦和煩惱，都是你的期望落空導致的。

舉個例子：戀愛時，他溫柔體貼，那麼你覺得這個男人應該會一直對你特別好，關心你，照顧你，幫你做家務，按時回家。明明說好了他負責賺錢養家，你負責貌美如花。結果婚後你發現這個男人回家就玩手機，還經常出去喝酒聚會，甚至徹夜不歸！最主要的是，他還花着你的錢，自己不求上進，收入可憐！！

你就會痛苦了，覺得這個男人當初騙了你，對吧？這就叫期望落空。期望落空的本質：你認為一切問題是別人造成的，認為全世界都辜負了你，都是別人傷害了你，這時你就陷入了被害者思維，所以你會痛苦、煩惱、暴躁。如果換一種思維，你認為你老公現在這樣對你，根本不全是他的錯，你也有很大責任，你就從被害者思維轉到了責任者思維，痛苦就不會那麼強烈了。

為甚麼自己有責任？很簡單，當初因為他很好你才嫁給他的吧？那怎麼他和你過日子他就變不好了呢？都說女人是學校，那麼你沒調教好，難道沒責任嗎？你可能會說自己遇到了渣男，那麼不還是怪你自己霧裏看花，沒有選清楚嗎？所以，每一件事情造成的結果，都是你反思自己的好機會。好事能讓你學到東西，壞事也能。

今日作業

列舉一個自己生活中的與「蝴蝶效應」有關的負面案例，想想情景再現重來一次後，你會怎麼做。

有的時候，導致負面結果的，不是事情的難易程度，也不是你的錯誤做法，是你看待事情本身的情緒和態度，這是決定性因素。

——北辰

14 圈子和層級，決定你長成甚麼樣子，能走多遠

心理學關鍵詞

共生效應

自然界有這樣一種現象：當一株植物單獨生長時，顯得矮小、單調，而與眾多同類植物一起生長時，則根深葉茂，生機盎然。人們把植物界中這種相互影響、相互促進的現象，稱為「共生效應」。任何關係，良性循環都是共生關係，和甚麼人在一起，你最終也會成為甚麼人。

我們都在婚禮上看到過感動人心的一幕，在雙方愛的誓言裏，一定有「執子之手，與子偕老」之類的句子。親密關係就是兩個人牽手同行一段路；如果不同步同頻，牽着手的狀態就難以為繼了。這一點我們在自我成長裏也提到過。

其實不僅僅是婚姻中的親密伴侶，就連朋友、事業合作夥伴，甚至親人間也都一樣。想要持久的親密關係，單靠血緣關係維繫，也是表象和蒼白的，不是最高階的關係。

同步，不一定是你幹嗎我一定也在幹嗎，你可以不反對、不詆毀，可以陪伴和理解。同頻，不一定是你走幾步我就一定走幾步，但是你至少不會被拉得太遠，別拖後腿。

案例：

麗娜有兩個哥哥，她直言不諱地説和二哥關係更好，兩人幾乎每週都要見面，來往互動頻繁；和大哥之間，一般就過年見一面。不是地域關係，兩人在同一座城市裏，只是大哥從小就頑皮，打架、爆粗口、退學、失業、離婚，現在打散工度日，平時看不到人，父母生病也不在場，很少打電話，打了也基本是問她和二哥借錢。

二哥是中小企業的管理者，麗娜自己創業，兩人都一直在為事業打拼，平時二哥經常給麗娜一些管理方面的建議，麗娜也會把自己私企的先進模式給二哥參考，兩人的聯繫自然就緊密，也促進了家人甚至下一代的關聯。他們兩家人經常一起出遊，親如一家。

這樣的場景你也許親身經歷或遇到過。原生家庭，親疏程度卻不盡相同，這很正常。在公司裏也一樣，和大家不同步、同頻的員工，會慢慢被甩掉；朋友圈裏，不同步、同頻的人會被踢出局。

有一句名言：「和狼生活在一起，你只能學會嗥叫；和那些優秀的人接觸，你就會受到良好的影響。」因此，多與優秀的人交往，多受他們的影響，能讓你變得更優秀。如果你已經很優秀了，再與優秀的人交往，那麼你們就能產生「共生效應」，取得更好的成就。

神奇的同頻共振

同頻共振，多用於思想、意識、行為等方面協同統一，含義是同樣頻率的東西會共振、共鳴或走到一起，引申意思往往指思想、意識、言論、精神狀態等方面的共鳴或協同。同頻共振，其實在日常生活中一直存在着，只是很少被人注意。

就拿男女之間相親這個話題來講也是這樣，當兩個人第一次見面的時候，打開話匣子開始聊天，一旦擁有共同話題，也許計劃只是聊半小時最終可能會達兩小時，甚至最後還有可能一起吃飯。這就説明雙方同頻之後產生了共振，其結果超出了彼此對相親的預期。當然假如後面還能持續這樣下去，兩人還會擦出火花，最終走向婚姻的殿堂。

其實這裏面也包含我們經常提到的磁場，當兩人同頻時，就會產生共振，磁場就自然地融合到一起。有些人你説不出哪裏好，但讓你很舒服，其實就因為你們是一類人，是在一個層次和頻率了。

方法論：那麼問題來了，兩人如何在親密關係中保持同頻同步？

1. 結果導向一致：這是最重要的，也就是目標一致。夫妻心不在一起，怎麼可能同步。你想把日子過好，她盼着早點兒離婚，那就完全不在一個步調上；我一心在大城市打拼，你總想着回歸田園，那怎麼同頻？所以你發現了「三觀」的趨同或者至少有一方願意協同，這很重要。兩人要梳理出一個相對和諧的目標，大的方向一致，才能決定我們是否能走同樣的路。

2. 求大同存小異：任何關係的主體都不可能永遠和諧和同步，所以懂得和體恤很重要。兩個人在一起，走得快的人要適當地停下來等待和引領走得慢的人，走得慢的人要自知並及時趕上，當不耽誤前進的問題出現時，可以邊走邊解決，不要停下來吵架，甚至想法南轅北轍。這裏我舉剛才的麗娜的案例。在修復她和大哥的關係時，我們喚醒了他們的親情感，因為他們是愛着彼此的；只是大哥不懂得自己前進的方法，散漫慣了，麗娜又對他不屑一顧，有些排斥他。彼此深層次溝通理解後，麗娜給了大哥一些建議，給了他自己公司的一些業務，並介紹些客戶給他，告訴他如何去拓展、維護業務，慢慢地，大哥就走向了正軌。而因為有了關聯，大哥也經常和麗娜探討一些經營方法，並且一起拜訪客戶，走動就多了起來。現在兄妹之間的互動很多，關係也得以修復。

3. 尊重你的不一樣：人在學歷、學識、觀念、行為上不可能完全相同，這一點尤其在親密關係中表現明顯。各自都有在二十多年的原生家庭中養成的習慣，在一起生活、一起同行的時候一定會出現很多不同言行，想要同步同頻，絕對不是完全把對方變成你的樣子。比如你週末要逛商場，他如果不想去，你就覺得兩人沒共同愛好、不同頻；比如你要去看畫展，他要去聽音樂會，你們又爭執不休。切勿狹隘地理解同步同頻，剛才我們也提到了，同步同頻並不是同樣的時間你們一定在做同樣的事情。比如，週末兩人一起吃個早餐，然後愉快地親吻道別，上午你去逛商場，他去打籃球，下午你去看畫展，他去聽音樂會。在晚餐時，你們一起分享一下今天各自的收穫，用心去聆聽對方的話，尊重對方的感受，這難道不是一種和諧的同步嗎？所以，你可以不喜歡，但是不要輕易反對。

正如《刺蝟的優雅》裏説的那樣：

我們都是孤獨的刺蝟，只有頻率相同的人，才能看見彼此內心深處不為人知的優雅。人和人之間一定存在磁場這個東西，它雖然看不見，摸不着，卻會不斷向外傳遞你的「三觀」和喜好。頻率相同、「三觀」一致的人會自動靠攏。

今日作業

嘗試着給自己的一段關係做一個同頻規劃吧！規範一下節奏，策劃一下方向，有時候停下來統一步伐，比莽撞前進要好得多。

「兩人三足」是最典型的要求同步同頻的遊戲，兩人目標一致，路徑一致。請記住，喊着口號協同作戰，無論是任何關係的人，都會到達你們想要去的遠方。

——北辰

15 自我控股，給自己的人生標價

心理學關鍵詞

凡勃倫效應

「凡勃倫效應」是指消費者對一種商品需求的程度，因其標價較高而不是較低而增加。它反映了人們進行揮霍性消費的心理願望。商品價格愈高，消費者反而愈願意購買的消費現象，最早由美國經濟學家凡勃倫注意到，因此被命名為「凡勃倫效應」。

「凡勃倫效應」：一些商品價格定得愈高，愈能受到消費者的青睞。

大家聽一個故事：

禪師想啟發學生，於是給了他一塊又大又美的石頭，讓他去菜市場賣掉，並告訴他：「只是觀察大家的表情，不要真的賣掉石頭，回來告訴我他們出的價。」徒弟回來說：「菜市場裏很多人看這塊石頭，想着可以給孩子玩，願意買。甚至有的人說能當秤砣，願意出幾個銅板。」

師父說：「現在你去黃金市場，同樣不要賣掉它，光聽聽問價。」從黃金市場回來，這個徒弟很高興，說：「這些人太棒了，樂意出到一仟塊錢。」

師父說：「現在你去珠寶市場那兒，低於五十萬不要賣掉。」珠寶商從五萬出到三十萬，他一直沒賣，最後五十萬賣掉了這塊石頭。他回來後，師父說：「如果你不要更高的價錢，就永遠不會得到更高的價錢。」

我們經常在生活中看到這樣的情景：款式、皮質差不多的一雙皮鞋，在普通的鞋店賣一佰八十元，進入大商場的櫃檯，就要賣到八佰一十元，卻總有人願意買八佰一十元的。很多名店裏的奢侈品，往往也能在市場上暢銷。

其實，消費者購買這類商品的目的，並不僅僅是獲得直接的物質滿足和享受，更大程度上是為了獲得心理上的滿足。其實這說明了自我標價的重要性，也就是你需要給自己的人生標價，而且標價愈高，愈容易激勵自己，同時愈容易實現人生價值。

我們先來說說甚麼叫自我控股。自我，很容易理解，就是你自己；控是掌控和控制；股，是股份和權益比重。

這是我原創的概念。在人生的所有階段、所有事件和關係中，我希望你是擁有控股權的，不是被動的、妥協的、被操控的。這個理念要述說的道理顯而易見，是讓你過屬自己的人生。

比如在學習階段，你能清楚地知道自己要選擇的專業；在婚姻裏，你不會丟失自己；在社交中，你不用討好他人；那麼你的人生是你自己擁有控股權和話語權，暮年回首，你才不至於抱憾終生。

所謂成功的人生，不是你擁有多少財富和多高的地位，而是離開這個世界的時候，你了無牽掛，沒有遺憾，該做的事情都做了，所有的榮辱都是自己的決定，沒有被牽制和左右。

自我控股自我認知

那麼要做到自我控股，我們首先要完成一個重要的課題就是自我認知。相對準確並客觀的自我認知是實現自我控股的基礎。

我們常說：「認識世界不難，認識自己不容易。」

我講一個案例：

諮詢者琳達來到我的工作室的時候，垂頭喪氣，目光黯淡，才三十歲的她幾乎失去了同齡人應有的光彩。她説她幾乎從出生就不被重視，自己是女孩，從小備受重男輕女的爺爺奶奶輕視；長大後成績一般，相貌一般，幾乎從自己身上找不到甚麼優點，是放在人群中不可見的那種。因為自卑，沒考上理想的學校，畢業後也沒有穩定的工作，至今沒有男友，甚至沒有知心的閨密，不知道這樣的人生還有甚麼意義。

你不難發現，聽完這樣的闡述，連你似乎都置身在黑暗之中，感覺內心壓抑。是啊！如果真的是這樣，那麼一個人的人生似乎無望了。可這一切都是琳達的自我認知，她給自己貼上了低劣、廉價、失敗的標籤。説到這裏我們先來了解一個非常有趣的經濟學和心理學都常用到的效應。

我們剛才的案例中的琳達，就是給自己標注了最低的底價——對剛出生的自己都給予最低的標注——然後這和自我認知就神奇般地惡性循環，甚至用同樣卑微的眼光及心智去猜測和尋找別人的嫌棄、厭惡。所有的負能量匯聚在她身邊，導致自我價值持續偏低。後來我們通過多次交談，發現大多數負面訊息是她自己臆想出來的。對她的出世，老人是有過些許遺憾，但是沒有嫌棄她，而更多的人覺得她乖巧、懂事，長得也清秀，雖不算美女，但是讓人很舒服。至於後來的上學、社交、求職，甚至戀愛不順利，完全是因為她的自我認知出現了問題，她活生生地把自己和幸福絕緣了。那個把她打入谷底的人，其實就是她自己！

自我認知，指的是對自己的洞察和理解，包括自我觀察和自我評價。自我觀察是指對自己的感知、思維和意向等方面的覺察，自我評價是指對自己的想法、期望、行為及人格特徵的判斷與評估，這是自我調節的重要條件。

朋友圈中的你與真實的你是不是很不同？你是不是也覺得社交網絡上的自己很假，卻又忍不住這樣做？其實很多人有類似的感覺。人們在社交網絡上的「自我」，是會愈演愈烈的，甚至已經擠壓了真實的你可以存在的空間。

方法論：

自我認知的正確路徑：

1. 我是誰：《道德經》中〈自知者明〉講的就是「要明白自己是一個甚麼樣的人」。正確認識到自己的優勢和劣勢，才能進行下一步動作。正確認識自己——也就是自省——是一件一直要做的事情。就像我們照鏡子看清楚自己一樣，心裏也要經常照鏡子，知道自己的身份、地位等當下的樣子。

2. 我從哪裏來：你要對自己的優勢和劣勢進行分析，對自己能做甚麼或者不能做甚麼，有一個正確清晰的認識。這更像是能力的自我評估，你要知道自己有幾斤幾兩。

3. 我想怎樣：自己怎樣做，指導思想是甚麼，這就是「我想怎樣」。有了明確的指導方針才能確立目標。本着甚麼初心去做事，為甚麼而做，這也可以理解為尋找做事的動力和原發心態。

4. 我要去哪裏：既然你知道了目標，那麼就要想應該去哪裏，應該怎麼做。清楚了目標，那你就不會迷茫和慌張、無助。

5. 我如何去那裏：確定目標以後，你就會想盡各種各樣的辦法去達成目標，這就是執行層面的方法論。

我們舉個小例子來說明：

我是一個六十五歲的老人，為了滿足心願從東北坐火車出發去北京登長城。

很簡單的一句話，上面提到的所有關鍵詞都交代了：因為知道我是誰——六十五歲的老人——就會給自己配備相應的物品，比如心臟藥、拐杖等。我從哪裏來？從東北去北京——那麼會考慮到氣候等的變化。我想怎樣？滿足心願——這就是最大的動力和初心。我要去哪裏？登長城啊——目標明確。我如何去？會從東北坐火車到北京站，再從北京站坐長途大巴去長城。

所以你就了解了，其實無論我們人生中的任何事情，都按照這幾個程序進行一個清楚的自我認知，我們對自己、對事情就無比清晰，做事就會事半功倍。

四種自我認知層次：運用諮詢常用的四象限思維工具，所有人都可以被歸為四類。

見圖。

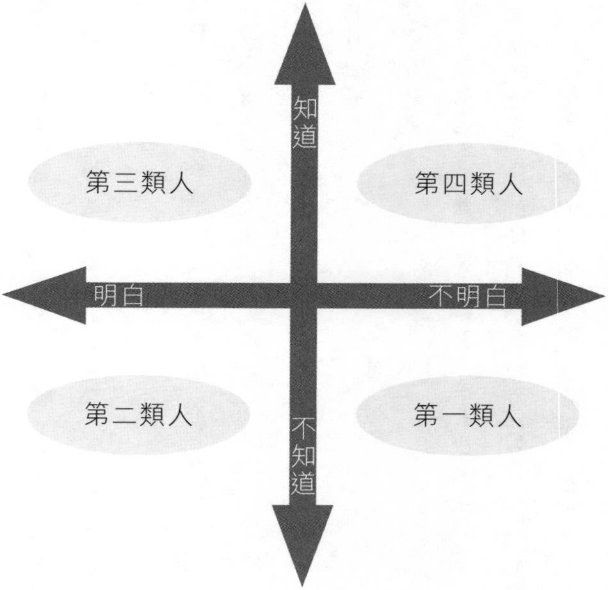

第一類人：不明白自己不知道

即所謂的「無知者無畏」之類的人，這樣的人構成社會底層的絕大部分。

比如在比賽的舞台上，經常會出現令人啼笑皆非的參賽者，他們並不知道自己五音不全，忘我演唱，貽笑大方；或者在某個論壇現場，某人說出可笑幼稚的觀點，惹來一片譁然。

第二類人：明白自己不知道

就是很清楚自己不會、不懂、不知道，也就是有自知之明的人。

你拒絕了公眾演講，是因為你知道這是自己的弱項；因為你的表達能力欠缺，所以就不參與了。這就是第二種情況的人。

第三類人：明白自己知道

這種人一般是第二種人在苦苦思索後，終於開悟轉變過來的。

第四類人：不明白自己知道

所謂「不明白自己知道」，就是說，這種人的知識結構已經超出了自己意識認知的範圍。這種人和第三種人的區別是，第三種人往往在某個領域做到頂尖，但是很木訥，不懂變通。

你是哪一種人呢？你又想做哪種人？

你不難發現，當你完成了清晰的自我認定時，就會變得通透。看清楚自己，才便於向世界宣告主權；明白要甚麼、不要甚麼，人生不走彎路，內心不會迷茫。

人生猶如一趟列車，自己掌控方向、速度，就不是失控的人生。

願你實現自己的人生控股。

今日作業

小測試，你的受暗示性強嗎？

其實人在生活中無時無刻不受到他人的影響和暗示。比如在公共汽車上，你會發現這樣一種現象：一個人張大嘴打了個哈欠，他周圍會有幾個人也忍不住打起哈欠。有些人不打哈欠是因為他們的受暗示性不強。哪些人的受暗示性強呢？我們可以通過一個簡單的測試檢查出來：

讓一個人水平伸出雙手，掌心朝上，閉上雙眼，告訴他現在他的左手上繫了一個氫氣球，並且不斷向上飄；他的右手上綁了一塊大石頭，在向下墜。三分鐘以後，看他的雙手之間的差距，距離愈大，則他的受暗示性愈強。

自卑時：你要對自己說，其實你比很多人強。自滿時：你要對自己說，也許別人不比你差！

——北辰

第四章

教育篇

16 接受和接納，遠比抗拒幸福

心理學關鍵詞

齊加尼克效應

心理學家齊加尼克（B. Zeigarnik）曾經做過一個實驗：將一批學生分成兩組，讓他們同時完成二十項工作。結果一組順利完成了任務，另一組卻未完成。實驗表明，雖然受訓者在接受任務時均呈現一種緊張狀態，但順利完成任務者，其緊張情緒逐漸消失，而未完成任務者，緊張情緒持續存在，且呈加劇傾向。這種現象被稱為「齊加尼克效應」。

為甚麼有的人持續緊張，做事慌亂？即使面臨同樣的壓力，有的人很快復原，而有的人持續焦慮，甚至會就此留下應激性障礙問題？

我們不排除先天的人格差異情況，有的人本就是復原型人格，有的則是高敏感型人格。這兩種人格直接決定你面對問題時的抗壓能力和自我修復速度。

除此之外，周圍環境、所受到的教育情況，是否會增加一個人習慣性焦慮及恐慌、緊張和失措的概率？我們來看幾個場景：

第一個場景：孩子闖禍了，怎麼教訓他？

你的孩子在學校打架，被老師找家長，你聽到後的第一反應是甚麼？我想大多數家長可能是覺得羞恥，認為孩子給自己丟人了，惹禍了；進而在這種認定下感到焦慮、暴躁。那麼在這樣的情緒下，可能你看到孩子的時候，一定會指責、批評，甚至體罰孩子。

這就是常見的家教錯誤三步曲：性質認定——心態坍塌——錯誤行動。

家長這麼做的後果毋須我多說了，一定是親子關係很疏離，不會解決問題，或者孩子表面順服內心抗拒。

你會發現，你的慌亂情緒直接導致的結果就是，孩子也會遇事慌亂！

那麼正確的方法應該是甚麼？是愛。甚麼是愛？

你要先關切地問孩子：「你和人打架了？來，讓媽媽看你哪裏受傷了。」

這一步很重要，這是讓孩子感受這是自己的家、自己的世界才有的樣子，也是打開溝通之門的鑰匙。接下來你要詢問原因。也許孩子是被激怒後動的手，又受到老師的批評，自己已經很委屈。

所以這一步的關鍵是聆聽。讓孩子如實說出事情始末，並傾訴自己的心情，這樣做既能讓你準確掌握實情，也能給孩子安全感，促使他消除不良情緒，平靜下來。

最後就是分析，理解後的分析。家長要告訴孩子：媽媽聽了也很生氣，但是我們的做法是不對的，再次遇到這樣的事情該怎麼處理，甚麼是化解衝突的有效方法。

第二個場景：孩子學習不好，你持續焦慮。

很多家長打電話給我，抱怨自己的孩子怎麼就成績不好呢？我通常會說：那為甚麼你的孩子就一定要成績好呢？這個世界上真的有天賦之說，也有不同類型的人才特質；否則，大家都去社會科學院了，誰給我們種糧食吃？誰給我們做衣服穿？誰給我們造汽車開？

所以，我們經常陷入一種自己認定的失敗模式：孩子學習不好，完蛋了。

學習不好，只能說明孩子在學習這件事上比較平凡而已。我們是否可以停止焦慮，走出這個我們認定的失敗漩渦，接受事實，然後開始看到孩子的其他閃光點？比如調皮的孩子大多很聰明，情商很高；比如愛打架的孩子往往很仗義、正直。我們應從另一個側面去看看這件事。

接受孩子在某一方面的平凡，不僅僅是一種勇氣，其實也是一種智慧，看問題不止一面的智慧。

第三個場景：孩子早戀了，家長要瘋了。

我之所以用「要瘋了」來形容家長的反應，一點兒不為過。我經常接到類似的哭訴：完了，我兒子和同班女生早戀了；完了，發現兒子和異性同學互傳的小字條了。一般我的回應都是：恭喜你。

我為甚麼恭喜？第一，你的孩子長大了；第二，你的孩子性取向沒問題。

一般我這樣說，家長會說：別鬧。怎麼辦，我們該怎麼阻止？

我是真心恭喜，當你也接受這個事實，並真心恭喜孩子的時候，問題就好辦了。因為你接受，能讓孩子敞開心扉地和你對話，甚至分享他的感受，讓一切浮出水面。記住，所有擺在桌面上的問題都好辦，怕就怕暗流洶湧。如果你阻止，他就不早戀了嗎？也許他只是將一切行動轉移到地下。偷偷摸摸更耽誤事。

關於早戀問題的處理方案是引導，不是堵住。情感就像流水；來了，我們可以將其引流到它應該去的地方，絕對不是不讓它流。

我們來看看你擔心的事：第一，孩子和異性過早身體接觸，有了肌膚之親；第二，影響學習。

那這就好辦了，你告訴孩子，掌握尺度——但必須解決掉這兩件擔心的事，孩子答應了就讓他談，不答應就禁止。

我們說了這麼多，其實萬變不離其宗。父母是家庭教育中的主力軍，只有接受孩子，包容他的一切，你才能冷靜而不帶情緒地去思考方法，解決問題，否則在緊張和焦慮的狀態下只能做出錯誤的指令。而且你的言行方式以及情緒，也會直接影響到孩子。

緩解精神緊張

那麼，我們如何避免「齊加尼克效應」的出現？

腦力勞動者容易產生「齊加尼克效應」。隨着當代科學技術的飛速發展、知識訊息量的快速增長，腦力勞動者的工作量亦相應增加，工作節奏隨之加快。由於腦力勞動是以大腦的積極思維為主的活動，其特殊性在於大腦的積極思維是持續而不間斷的活動，所以緊張情緒也往往是持續存在的。

緊張的工作節奏和各種競爭，使腦力勞動者易產生緊迫感、壓力感和焦慮感，若處理不當或不能適應，則對很多生理和心理疾病的發生發展起着推波助瀾的作用。因此，腦力勞動者必須學會自我心理調適，緩解精神上的緊張狀態。

1. 縮短工作時間，提高八小時工作時間的工作效率。每完成一項工作任務可謂一個週期，當你攻克了某個難關，或完成了一件重要工作時，心情會豁然開朗，愉悅之情油然而生，這種完成任務後的歡愉對緩解心理緊張、促進身心健康是極其有益的。

2. 學會自我放鬆，注意隨時「放氣」。在高度緊張時，我們應力求降低應激的閾值，給自己以「減壓政策」。無論工作多麼繁忙，我們每天都應留出一定的休息、「喘氣」的時間，抽空散散步，活動筋骨，盡量讓精神上繃緊的弦有鬆弛的機會。我們要科學地安排工作、學習和生活，實事求是地制訂工作計劃或確定目標。

3.「精神勝利法」：沒甚麼大不了的。魯迅筆下的阿Q常用精神勝利法自我解嘲，這種方法對現代人亦不無裨益。這種精神勝利法實質上是一種自我暗示。自我暗示是由本人的認知、言語、思維等心理活動來調節和改變身心狀態的心理過程。我們運用積極樂觀的自我暗示法，能化被動局面為主動局面，收到特殊的調節效果。

4. 養成運動鍛煉的習慣。我們每天可安排一小時進行鍛煉，根據自己的情況靈活掌握。體育鍛煉對腦力勞動者來說，既可放鬆身心，又能增強體質。

5. 培養一項以上業餘愛好。腦力勞動者的業餘愛好可作為轉移大腦「興奮灶」的一種積極的休息方式，有效地調節大腦的興奮與抑制過程，進而消除疲勞，改善情緒；從緊張、乏味、無聊的小圈子中走出來，進入一個生機盎然的環境。大家可根據自己的興趣選擇，適當「投資」，最好養成習慣，以緩解緊張感。

6. 講究科學的心理調節。既然壓力是客觀存在的，我們就應以積極的態度去對付它，讓焦慮、煩惱等劣性情緒強行積鬱在胸顯然不妥。心情不好時，我們應盡量想辦法宣洩或轉移不好的情緒，如找知心朋友傾訴，一吐為快。困難時我們要看到光明面，失敗時要多看自己的成績，要有自信心，這樣有利於理清思路，克服困難，走出逆境。

在家庭教育中，大多數父母操之過急，過早地給孩子做負面判定。比如才小學一年級，孩子考試不及格，大人就認為完了，這孩子一定不是學習的料，而不是科學地分析問題在哪裏。你的不接受，會變成持久的焦慮，變成無休止的怨懟，加深孩子的焦慮，導致孩子情緒不穩定。這就是一個惡性循環，事情的結果會和家長的期望背道而馳。

接納的意義在於，讓孩子感受更多的安全感。他只有感覺安全，才能探索、學習、進步。

今日作業

說出一個你認為的孩子最大的缺點，嘗試去理解和接受他的這個缺點，站在他的角度，平和地和他溝通一次，聽他說他的感受和緣由，嘗試從不否定的角度去找到突破口。

關於孩子的任何結果，無論好與壞，都不是最終結果，因為有關孩子的一切充滿變數，無論成績還是品行都在不斷變化；所以，不貼標籤，不早定性，是父母的自信，也是給孩子最大的支持。

——北辰

17 跟隨大多數，只能成為大多數

心理學關鍵詞

羊群效應

「羊群效應」在心理學上說的是大家的從眾心理，是一些企業在市場行為中的一種常見現象。經濟學裏也經常用「羊群效應」來描述經濟個體的從眾跟風心理。羊群是一種很散亂的組織，平時在一起也是盲目地左衝右撞，一旦有一頭領頭羊動起來，其他的羊也會不假思索地一哄而上，全然不顧前面可能有狼或者不遠處有更好的草。因此，「羊群效應」就是比喻人都有一種從眾心理。從眾心理很容易導致盲從，而盲從往往會讓人陷入騙局或遭遇失敗。

「羊群效應」的出現一般是在一個競爭非常激烈的行業中，而且這個行業裏有一個領先者（領頭羊）佔據了主要的注意力，整個羊群會不斷模仿這個領頭羊的一舉一動，領頭羊到哪裏去吃草，其他的羊也會去那裏淘金。

「狼足夠強大，所以牠踽踽獨行，不需要同伴，牛羊才喜歡結伴而行。」

我們看到很多優秀的人往往是傳統意義上「孤獨」的一群人，思想有深度，可能旁人無法理解，特立獨行，拒絕世俗的約束。當然，標新立異、刻意為了追求特立獨行的人除外。你會發現，出眾是需要實力的，更需要一種理念的培養和根植的習慣。

中國人喜歡跟隨，所以你會看到很多人云亦云、缺乏獨立判斷和自我審視的行為。一窩蜂地哄搶特價商品、雙十一的不理性消費，都屬從眾心理。

「跟隨大多數，你只能成為大多數。」這是鐵打的真理。

我經常會接到家長的諮詢，基本是關於如何讓孩子聽話、努力學習之類的。在家長眼裏「像別人家的孩子一樣性格乖巧，學習努力」才是好孩子的標準。只要孩子沒有按照自己理想的樣子成長，或者沒有達到我們的「要求」，家長就會失望不已。

我們就說說「要求」這個詞。要求一定是負面的、不舒服的。你想，誰願意被要求怎樣怎樣？要求就等於孩子要長成你希望和你喜歡的樣子，而不一定是他的本意。

你是想讓自己的孩子成為被趕着的一群羊中的其中一隻，還是成為一頭讓羊群膽戰心驚的狼？

我們來看幾個案例及其分析，這些情況也可能折磨過你。

第一個場景：陪着寫作業，你被逼瘋。

有多少家長提起陪孩子寫作業就頭疼，卻還一直堅持去做？這是特別錯誤的事情。

首先，孩子在你的看管之下寫作業，在心理上就是你對孩子的一種不信任，因為你不相信他能獨立完成這件事。而結果往往就如你所料，他一定不會獨立完成作業，甚至你看着他也完成不好。

其次，看管是人為約束，孩子下意識地會製造些困難來反抗你，比如故意寫錯，東張西望；其實他們是在暗示你，此種做法讓他很反感，所以用這些行為來抗議。但是如果你不懂，你就會發怒，指責孩子，導致孩子愈發反感，事情從而惡性循環下去。

有人可能會説如果不看着，他真不寫，會寫錯和寫不好啊！沒關係，如果孩子不寫，寫不好，寫錯，會有甚麼後果？被老師罰站？被批評？被要求寫很多遍？

對了，只要有懲罰，孩子就會改變，這是自我調整的意識，我們就是要這樣的效果。

第二個場景：你不輕易拒絕孩子，不要求他不能這樣不能那樣。

我給大家講講我的帶孩子方法：孩子提甚麼要求都先答應着，然後聽他的理由，合理的一定支持，不合理的，引導後，讓他自己説不合適，收回請求。

在和孩子相處的過程中，你隨時要面臨孩子的要求。

比如：「媽媽，我想要部手機！」

「不行！買甚麼手機，你學習那麼差，買手機就更完蛋了，還不成天玩遊戲？！」

我們來分析一下這句話有幾宗罪。

首先，每個人提出要求都不希望被拒絕，這是負面能量，而且你不問原因就斷然拒絕。其次，你沒就事論事，批評孩子，孩子會覺得這跟他學習好不好沒甚麼關係。再次，你妄下結論，擔心買手機會影響孩子學習，將可能發生的事變成了肯定會發生的。

在這脱口而出的三宗罪下，孩子悻悻離去，溝通屏障開啟。接下來會發生甚麼呢？

孩子不再提買手機的事，但是不開心的情緒會持續很久並波及學習、生活，甚至有的孩子會故意讓成績下滑，告訴你學習成績和買不買手機無關；或者偷玩同學或父母家人的手機。

正確的做法是：

孩子說：「媽媽，我想買部手機！」

媽媽：「好啊，兒子。過來，和媽媽說說你要手機做甚麼？」

孩子為了能拿到手機，一定會說出很多聽起來很靠譜比如背單詞、線上學習的理由。

「好，媽媽覺得不錯，那你怎麼保證不玩遊戲，不影響學習呢？」

孩子一定會信誓旦旦地說一大堆保證的話。

這時候，你完全可以客觀地分析問題，然後和孩子一起確定手機使用的頻率、時間和能看的內容，如果孩子願意，就簽署一個小協議，並嚴格寫出獎懲措施。

這樣做的結果只有兩個，一個是孩子在你的引導下規範地使用手機，另外一個是孩子覺得自己可能沒那麼需要手機，就放棄了。而這兩個結果都不是你要求的，是孩子自己說出來的。

第三個場景：從不要求，其實是最高的要求。

孩子上興趣班，家長花了不少錢，孩子卻甚是苦惱，為甚麼？因為這些不是孩子自己選擇的，這是在應付我們的要求。所以，不要求，有時候反而是最高的要求。

我在孩子小時候，從沒想過讓他學甚麼，就是讓他玩，只不過我特意經常帶他去興趣班玩。這也是一個你和孩子相互發現的過程，孩子發現了甚麼更讓他喜歡，你發現了孩子的興趣在哪裏。這樣等孩子自己提要求，然後你滿足他。人都有一個維護自尊和面子的本性需求，比如你自己做的飯，咬牙也要吃完；所以，孩子自主選擇的事情、做的決定，他更容易堅持。讓他在自己主動的心態下去做事，做自己心甘情願、充滿興趣的事情。

活成自己想要的樣子，才是最高級的人生。所以我要再次提醒大家，我們不要要求孩子，而是應該配合孩子全力做好支持輔助的工作。

今日作業

放下一件你對孩子堅持要求、他卻做不到、甚至適得其反的事情，看看一個月後的變化。

沒有人願意被要求，那是一種違背人性的事情，除非不得已。所以，放棄要求，才是最高的要求。

——北辰

18 你的樣子，就是孩子的樣子

心理學關鍵詞

權威效應

美國某心理學家曾做過一個有趣的試驗：在給大學心理系學生講課時，他對學生介紹說聘請到舉世聞名的化學家，化學家發現了一種新的化學物質，這種物質具有強烈的氣味，但對人體無害，在這裏只是想測一下大家的嗅覺。接着心理學家打開瓶蓋，過了一會兒，要求聞到氣味的同學舉手，不少同學舉了手。其實這個瓶子裏的東西只不過是蒸餾水，「化學家」是從外校請來的德語教師。這種接受所謂的名人的暗示，所產生的信服和盲從現象被稱為「權威效應」。從身邊的人迷信權威開始，圈層效應就出現了。

在小孩子的眼裏，父母就像是名人，像是權威；父母就是一代宗師，有力量又有辦法，無堅不摧，無所不能；所以我們會聽見很多小朋友說自己的爸爸是超人。當然也會有人說自己的媽媽是「吵人」，就是很吵的意思，說話很大聲，愛指責別人。

你看，這就是你們打造的自己的樣子。

孩子在最初對父母是言聽計從、盲目崇拜的，父母如何引領，他就去向哪裏。等孩子再長大一點兒，父母會發現孩子不聽話了，叛逆了，讓他往東他便往西了。這時候父母不要着急，應冷靜地想一下：你引領的方向確定是對的嗎？你說的話，給出的觀點、答案、方法確定站得住腳嗎？

我想起之前看過的一則新聞：一個孩子乘搭電梯的時候，一個飛腳把電梯門給踹飛了。事後，物業管理要求孩子的父母賠錢換電梯；孩子的媽媽竟把孩子踢電梯門的視頻發到了業主群裏，並表示：兒子都沒伸直腳門就飛了，這質量太差！大家都應該感謝她的兒子發現了安全隱患。

該樓的一位業主表示：「這小孩兒是我隔壁的，每天都要對着那門踢幾腳！我都說過好幾次了，他總對我說；『王叔叔，我又不是你的兒子，你管不着！』」

孩子是父母的內心狀態鏡像

無論孩子的行為在我們看來多麼荒謬，這都是孩子對周圍環境做出的一種受父母影響的反應。孩子的狀態往往是成年人內心狀態的鏡像，成年人內心是甚麼樣子，孩子就會是甚麼樣子。你接觸的環境圈層也決定了你的思維和行為。

家庭，就是孩子的第一個圈子。

就像那個踹飛電梯門的孩子，反觀他的父母，只知道指責別人，孩子只不過是有樣學樣而已。對孩子的全部教育，或者說百分之九十九的教育應歸結到榜樣的力量上，歸結到父母的生活態度和方式上。

有個朋友說，以前兒子很愛玩手機，自己想盡辦法也無濟於事。後來，她開了一個公眾號開始寫作，因為寫作，便拋開了手機開始看書。不久之後，她發現之前讓自己發愁的兒子玩手機的行為竟然漸漸減少了，兒子還學着她的樣子翻出了久違的繪本，讓她感慨不已。

最後北辰要告訴大家，為了成功地引領孩子，我們應該做甚麼。我在這裏給出幾個重要的引領方向：

1. 關於生活：你熱愛生活，孩子就會活得「熱氣騰騰」。你活得精緻整潔，孩子就生活習慣良好；你每天充實忙碌，孩子就興趣廣泛；你對着花鳥說話，孩子就充滿愛心；你若糊弄生活，孩子就應付人生。

2. 關於性格：你脾氣不好，孩子可能就有自虐或者暴力傾向。生活中很多脾氣暴躁、一點就燃的孩子，其父母的脾氣多半也不好。除了遺傳因素，孩子脾氣暴躁就是受父母的影響；所以，孩子就是父母的翻版。如果你不想孩子以後成為隨時可能被激怒的獅子，那就控制好自己的脾氣，做個好榜樣。

3. 關於社交：你自私狹隘，孩子可能就不合群，長大以後容易孤僻。從小就喜歡搶別人東西的孩子，其父母也一定自私不講理；孩子可以強勢一次兩次，但總這麼強勢一定是父母驕縱出來的；從小就不懂禮貌，對長輩呼來喝去的人，其父母也一定對人不甚尊重：孩子小可以不知禮數，但父母總該知道制止和管教。

4. 關於成長：你愛學習，孩子自然喜歡讀書。讀書的意義是甚麼？這個問題，無數人問過，也有無數人回答。我始終相信，讀過的所有書都不會白讀，它總會在未來的某一個場合，幫助我表現得更出色。就像小時候，我們吃過很多食物，現在已經不記得吃過甚麼了；但可以肯定的是，它們中的一部分已經長成了我們的骨和肉。我們讀過的書，終將會成為我們的氣質和風骨。

5. 關於計劃：你自律、節制，孩子就會一生清晰。一個人不能自我管理，人生就不會更好。在這個崇尚名利和充滿誘惑的時代，甚麼該要，甚麼能要，甚麼有能力得到，源於大家對自己的準確評估和人生計劃。沒有自律能力和人生規劃的孩子，很容易滑向慾望的深淵。家長教孩子自律，才是給孩子最大的自由。

6. 關於心態：你保持微笑，孩子就永遠陽光。生活是一面鏡子，你對它笑，它就對你笑；你對它哭，它也對你哭。微笑是成本最低的正能量武器，能強大自己，化解危機。

7. 關於責任：你善於做決定，孩子就不怕承擔。拒絕犯錯就是拒絕成長，一個人不要妄圖走捷徑，因為欠下的課，以後總是要補的。今天我們犯一些小錯誤、走一些彎路，正是為了避免以後犯大錯、走歧路。家長不要常批評孩子犯的錯，正確的引導方式是：找出如何避免下一次犯錯的方法。只有出了問題覺得沒有甚麼，自己有辦法解決的孩子，才會勇於承擔責任。

8. 關於人品：你嚴格守時，孩子就願意付出。守時，最能看出一個人的教養。一個人對待時間的態度，對這個人的行為和選擇有着重大的影響。對孩子來說，守時代表着具備管理時間的能力，能有計劃、有責任心地學習和生活。培養孩子的共情能力，讓孩子做有溫度的人，這樣你才會得到溫暖。

9. 關於心理：你懂得拒絕，孩子就不會委曲求全。我們要學會拒絕，不願意就不要輕易答應。拒絕如同生存一樣是一種權利。讓孩子學會拒絕，先溫暖自己，再擁抱他人。

今日作業

説説自己和孩子擁有的共同習慣，至少好的兩件，壞的兩件，然後自我反省一下，哪些要發揚，哪些要摈棄。

教育不是讓孩子成為你要的樣子，而是成為他想成為的樣子。自己勤奮，孩子就努力；自己活成一束光，孩子的內心就永遠明亮。

——北辰

19 拒絕在慾望的泥潭裏不能自拔

心理學關鍵詞

棘輪效應

商朝時，紂王登位之初，用進貢的象牙筷子就餐。他的叔父見了，勸他把筷子收藏起來，並說：「大王用象牙做筷子，必定再不會用土製的瓦罐盛湯裝飯，肯定要改用犀牛角做成的杯子和美玉製成的飯碗；有了象牙筷、犀牛角杯和美玉碗，難道大王還會用它來吃粗茶淡飯和豆子煮的湯嗎？大王的餐桌上從此頓頓都要擺上美酒佳餚了；吃的是美酒佳餚，穿的自然就要是綾羅綢緞，住的就要求富麗堂皇，還要大興土木築起亭台樓閣以便取樂了。對這樣的後果我覺得不寒而慄。」僅僅五年時間，這些說法果然應驗了，商紂王驕奢享樂，便斷送了商湯綿延五百年的江山。

所謂「棘輪效應」，又稱「製輪作用」，原指人的消費習慣形成之後有不可逆性，即易於向上調整，而難於向下調整。

我講這個心理學的小故事，其實是想告訴大家，如果是在你單身的個人成長期，你可以無止境地去爭取、創造你要的東西；但是在婚姻中，兩個人是利益共同體，要一起成長，彼此共有，而不是一味地索取、要求。

這一效應是經濟學家詹姆斯·杜森貝（James Duesenberry）提出的。古典經濟學家約翰·梅納德·凱恩斯（John Maynard Keynes）主張消費是可逆的，即絕對收入水平變動必然立即引起消費水平的變化。對這一觀點，杜森貝認為這實際上是不可能的，因為消費決策不可能是一種理想的計劃，還取決於消費習慣。這種消費習慣受許多因素影響，如生理和社會需要、個人經歷、個人經歷的後果等。特別是個人在收入最高期所達到的消費標準，對消費習慣的形成有很重要的作用。

實際上「棘輪效應」可以用宋代政治家和文學家司馬光的一句著名的話來概括：「由儉入奢易，由奢入儉難。」這句話出自他寫給兒子司馬康的一封家書《訓儉示康》。除了「由儉入奢易，由奢入儉難」的著名論斷，他還說：「儉，德之共也；侈，惡之大也。」司馬光秉承清白家風，不喜奢侈浪費，倡導儉樸為美，寫此家書的目的在於告誡兒子不可沾染紈絝之氣，要保持儉樸清廉的家庭傳統。

在物質不再匱乏、生活必需品不再靠計劃供應的今天，在保健品、營養品、吃飯穿衣以及文娛活動極其豐富的家庭生活環境裏，我們再提「由奢入儉」是不是有些不合時宜？

誠然，「棘輪效應」是人的一種本性，人生而有欲，「饑而欲食，寒而欲暖」，這是人與生俱來的慾望。人有了慾望就會千方百計地尋求滿足。從個人的角度來說，我們對慾望既不能禁止，也不能放縱；對過度及至貪得無厭的奢求，必須加以節制。如果我們對自己的慾望不加限制的話，過度放縱奢侈，沒培養儉樸的生活習慣，必然會使自古的「富不過三代」之說成為必然，就必然出現「君子多欲，則貪慕富貴，枉道速禍；小人多欲，則多求妄用，敗家喪身，是以居官必賄，居鄉必盜」的情況。

西方一些成功企業家雖然家境富裕，但對子女依然要求極嚴，不給孩子過多的零用錢，甚至寒暑假還讓孩子四處打工。這些成功企業家並不是苛求子女能為自己多賺一點兒錢，而是希望子女懂得每一分錢的來之不易，懂得儉樸和自立。

這一點在比爾．蓋茨（Bill Gates）身上體現得尤為明顯。微軟公司（Microsoft）的創始人比爾．蓋茨曾是世界首富，個人資產總額達四佰六十億美元。但是他在巴黎接受當地媒體採訪時說，將把自己的巨額遺產歸還給社會，用於慈善事業，而只讓三個子女繼承幾佰萬美元。

蓋茨認為，擁有很多不勞而獲的財富，對站在人生起跑點的子女來說並不是件好事，子女的人生和潛力應和出身無關。比爾．蓋茨稱，他和妻子看過在健康、教育等領域還存在着很多不平等現象，因此決定將自己的財產用於解除這樣的不平等上。他還希望其他有錢人也能夠讓自己的財產回歸社會，用於解決社會上存在的不平等問題。

找出令你抱怨的源頭

棘輪心理學效應不僅僅適用在控制我們的慾望上，也可以用於阻斷我們無休止的要求，在親密關係中同樣起作用。

萬事必有因果，你一定要相信這一點，這世上沒有無緣無故的愛和恨。

所以當我們的親密關係出現問題，你先別急着抱怨和數落，冷靜分析一下：他為甚麼成為這個樣子？你們為甚麼成為這個樣子？追根溯源，才是去除頑症的根本方法。很多時候，我們自以為緊緊抓住了導致問題出現的原因，而事實上很多情況下它無關緊要，並不是主要問題，甚至很多時候可以忽略不計。

我來說三個讓人遺憾的故事。

1. 劉女士和丈夫分居

劉女士和丈夫分居了好幾年，最後離婚。丈夫說分居前劉女士突然嫌他髒，以前沒那麼苛刻，現在要求他每天必須洗澡，否則就沒完沒了。你可能也會以為單純是因為這件事，愛乾淨的女人對此無法接受才和丈夫分居，但是丈夫老張說以前冬天時自己有過三四天不洗澡的情況，老婆沒那麼嫌棄過。後來經過了解我才知道，劉女士是發現了丈夫的衣服上有女人的頭髮，於是猜測他有外遇，一想到他和別的女人歡好，就覺得噁心，覺得髒；但是她又沒有證據，所以上演了開頭這一幕情景。

所以你看，事情的真相很可能在主觀判斷下被掩蓋，完全不是我們想像的樣子。很多夫妻因為生活了多年，自以為很了解對方，所以更容易犯懶得問、懶得說，一想也知道的低級錯誤。

在我接觸到的婚姻問題中，存在誤會和偏見的不在少數，很多事到雙方謾罵攻擊或者離婚時才被挖出來，其實這都是日積月累的疏離造成的。

真相需要還原，溝通是必須的，不是靠誰主觀臆斷和妄加猜測就能得到的。

2. 白領張小姐的自卑情結

張小姐的男友很委屈，他說自己原來是挺有自信的一個人，現在變得特自卑，原因就是自己怎麼做都不對。在公司、朋友圈裏他挺受歡迎的；但不管多興高采烈，只要一想到回家就頭疼，不是拖鞋放的位置不對，就是即食麵盒子裏的湯沒及時倒掉，要麼就是衣服搭配得太土了、髮型不好看，總之都是毛病，哪兒哪兒都不對。

後來，經過和張小姐溝通我才發現，其實張小姐是因為自己不自信，才開始打壓男友。她承認，男友高大帥氣，情商又高，很受歡迎，自己缺乏安全感；於是聽信了小姊妹的話，要制服男友就要壓住他，所以開始到處找他的毛病。終於有一天，在長久的壓抑下，男友崩潰了，覺得這段感情太累了，選擇分手。

你看，有時候一個人表現出來的所謂對別人的不滿意，其實是對自己的不自信，真相被掩蓋了，一直沒有得到解決。

3. 張先生倆口子見面就吵

張先生的老婆和剛才提到的張小姐不相上下，只是她不是不自信，是太強勢了，要求對方必須按照自己想像的樣子做，比如苛刻地要求張先生小便要坐着解決，理由是站着尿液容易滴到廁板上。張先生説容忍了一輩子老婆的嘮叨，這兩年老婆可能是到更年期了，情況越來越嚴重，實在受不了。

心理學上有一個叫思維定式的概念，説的就是如果人在下意識中養成了一種盯着別人的缺點的獨特視角，比如説你看不到他的好；在這種定式下，對方的缺點就愈發顯眼。生活中我們都有這樣的體驗，窗外的工地噪聲，你討厭它，就會下意識地去聽它還在不在，愈是關注、專注，聲音愈大，你愈是煩躁。一樣的道理，時間久了，這就成了一塊心病，你最討厭的東西，偏偏是自己刻意去尋找的，甚至期待出現的。

以上幾個案例從不同角度説明，有時候我們忙着去解決眼下的問題，根源卻抓錯了，真相可能是很久以前的一個死結，或者是源於心理的深層原因。

這麼多年被諮詢下來我發現，情感破裂的表象背後，是以下幾個根源問題：

1. 不了解不信任：在剛才的案例中我們也看到了，不信任卻不求證，甚至不說明也不給對方解釋的機會，這都是問題。「信任」這個詞我們提了很多年，但是夫妻間因噎廢食帶來的後遺症太多。

2. 不幸福不滿足：我們總是通過朋友圈去羨慕別人，殊不知誰也不會去曬家暴。其實別人過得不一定比你好，要相信自己遇到的人，相信自己擁有的是最好的，正向的心理暗示很重要。

3. 不寬容不妥協：任何關係，不僅僅是夫妻，家人、朋友也一樣，沒有妥協就不能長久，這是真理，否則你只適合獨來獨往。有人的地方就有不同，不必求同，但是必須寬容。

4. 不學習不成長：對別人要求不少，對自己沒有要求，只希望別人進步，自己原地踏步，這樣的情況不在少數。殊不知你對我沒有用，我還要你幹甚麼？

觀察這一環節列舉的問題，其實維繫兩人關係的正面做法的關鍵詞也就出來了，那就是：信任、滿足、妥協和成長。

今日作業

說出一件你因為沒有被滿足或者得到而耿耿於懷的事情，試試放下它。

你一直忙着去堵一百個炸裂的出水口，會疲憊不堪，焦慮萬分；其實有時候，你只需要冷靜下來，找到總閥門，關閉它就好了。

——北辰

20 被期待者更容易成功

心理學關鍵詞

羅森塔爾效應

一九六八年，心理學家羅森塔爾（Robert Rosenthal）到美國的一所小學裏隨機選出了一些學生，然後鄭重其事地告訴全校師生：相較於其他學生，這部分學生更有潛力和能力，將來肯定更為優秀。

過了八個月之後，羅森塔爾再次到這所學校裏調研發現，相較於普通學生，被選中的那些學生在過去的時間裏學習成績進步更快，性格上更為活潑開朗，與老師的關係也更為親密。

「羅森塔爾效應」又叫「皮格馬利翁效應」。

在古希臘有位年輕的國王叫皮格馬利翁，讓工匠精心雕刻了一具美麗精緻的少女石像。這位國王特別喜愛這具石像，放在身邊每天含情脈脈地注視着，時間長了這具少女石像竟然活了起來。當然，這是神話故事。

這個效應説明，當你以積極的期望去對待一件事物時，這件事物也會朝着越來越積極的方向發展。

這是一個很簡單的道理：沒有所謂的天賦，其實大家相差無幾，是被期待、被寄予厚望以及優越的條件給了被選出的學生更好的可能。

教師對心理學家提供的名單深信不疑，於是在教育過程中就會產生一種積極的情感，即對名單上的學生特別愛護。教師們掩飾不住的深情在教學過程中會通過語言、笑容、眼神等表現出來。在這種深情愛護的滋潤下，學生自會產生一種自尊、自愛、自信、自強的心理，在這種心理的推動下，他們有了顯著進步。這一效應就是期望心理中的共鳴現象。

我們有意識或無意識地對某人寄予期望時，對方會產生回應這種期望的特性。如家長在交代某一項任務時，不妨對孩子説「我相信你一定能辦好」、「你會有辦法的」、「我想早點兒聽到你們成功的消息」等，這樣，他就會朝你期望的方向發展，也容易在期待中獲得成功。

人生有時候需要謎一樣的自信，你的成功也有可能成為別人眼中的謎。

幾乎所有的成功都是有規律可循的，今天我幫大家揭開兩個起到決定性作用的規律：一是來自主觀上的自我認同，也就是自信；二是來自客觀上的支持肯定，也就是相信。

而這恰恰說明了一個真理：期待，是成功的源泉和力量。

你掉進枯井裏，如果自己無計可施，放棄了希望和求救，也不相信荒郊野外會有人搭救自己，那麼自己放棄了，別人也就放棄你了，你多半是等死的結局。

如果有信念支撐着你，相信通過自己的努力你一定有辦法自救，那麼意念會支持你開動腦筋求生，就算自己沒有想到脫險的辦法，至少也會因為有期待而等到救援的人發現你。

我最近接到一個諮詢：亮亮今年九歲，上小學三年級，媽媽帶他來的時候，他將頭垂得低低的，聲音怯怯的，不太敢看人，一直在摳手。用最簡單的微表情理論能判斷出，這孩子沒有自信，專注度也不夠。我說，這孩子學習一般吧，聽課不認真，寫作業也拖遝，甚至玩都玩不過別人，對很多事情提不起興趣。媽媽小雞啄米一樣連連點頭，說：「北辰老師你怎麼這麼神，說的情況全中，我就是因為這些問題來找你的。」

我接着説：「你和他爸爸的教育有問題，是不是很少鼓勵孩子，甚至説過類似『你沒出息』、『你完蛋了，以後工作都找不到，也娶不上老婆』之類的話？」我説完這些後，媽媽一下就流出了眼淚。她繼續邊點頭邊説：「是的，我就知道這樣不對，這些話孩子他爸爸全説過。」

而此時我留意到孩子慢慢抬起頭，開始看我的眼睛了，而且眼神就如抓住救命稻草一般。我説：「你們回去吧，拖也把他爸爸給我拖來，因為你倆沒問題，有病的沒來，給你們打針不公平。」

後來他爸爸來了三次，我先是讓他爸爸在紙上寫出他對孩子的十個印象，意料之中，爸爸寫的全是孩子的毛病，諸如注意力不集中、表達不順暢、做事拖遝之類，全是負面詞兒。

通過正向思維模式的引導，他爸爸嘗試着寫出了孩子善良、有愛心、孝順、不惹事、愛乾淨、喜歡物理知識等偏積極的詞兒。我開始訓練該家長去強化這些正念，讓他用鼓勵和肯定去激發孩子對生活的熱情、對學習的興趣，讓孩子相信父母是愛他的。一段時間後，孩子果然在很多方面進步了。

那麼話説回來，問題到底出在哪裏呢？你可能也發現了，那就是不被期待者，很難獲得成功。

為孩子規劃未來

我們談到幫孩子規劃未來，你都斷定了孩子沒有未來，還哪裏來的規劃？

北辰建議每個人在一生中，至少要有兩個平行的規劃：關於人生，關於職業。就是你要過甚麼樣的日子，而職業規劃就是你靠甚麼過上想過的日子，這也是對孩子的未來進行規劃時需要涵蓋的兩個主體內容。

那麼具體我們應該怎麼做呢？

第一步：幫助孩子認識自己。這也就是我說的了解自己的性格、興趣、能力以及價值觀。當然，在家庭教育中，我們最強調孩子的天賦，小孩子的性格、興趣、能力和價值觀在不斷形成或變強，這個需要父母的積極引領。對就讀中學的孩子，可能各方面已經比較穩定了，要讓孩子了解自己。我們可以找一些性格、興趣測評等去做。在幫助孩子認識自己的這一步，父母最重要的任務，就是看見孩子的天賦，引領孩子的價值觀，尤其是女孩子的善良、男孩子的責任和擔當等。

第二步：環境分析。我們主要應從家庭環境、學校環境、社會環境方面去分析，這些統稱為社會資源或者社會支持系統。

家庭環境：要看家庭對孩子未來生涯的發展能否提供足夠的資源和是否支持孩子的特

長的發展，家庭條件是否允許孩子出國留學，家裏的經濟條件是否能夠支持到孩子。

學校環境：主要看孩子所在的學校能為孩子未來的發展提供甚麼拓展和實踐機會。考慮到孩子未來的發展，選擇不同的學校，公立學校、私立學校、國際學校等，還有一些升學政策，這些都是要考慮的。還有孩子以後上甚麼大學，讀甚麼專業等，這也是要考察的。

社會大環境，我們要考慮未來社會的發展趨勢是甚麼樣的，人工智能時代，需要的職業能力是甚麼等。

第三步：明確生涯目標。在孩子了解了自己和外在環境之後，我們就要幫助孩子確定未來的職業目標了，從職業目標去倒推，看孩子需要讀甚麼大學、甚麼專業，要選擇甚麼學科。打個比方，如果孩子特別喜歡搞研究，以後想做個天體物理學家，那麼大學專業就要報跟天體物理相關的專業，而報這個專業呢，物理肯定是必須選的。

第四步：制訂並調整行動計劃。這個行動計劃，可以把生涯分為人生目標、遠期目標、中期目標、近期目標等。規劃不能只是畫了一個大餅而已，需要細化、量化方案去支持，將其拆解成在不同學習階段和年齡階段的具體執行方案，一步一步地輔助實施，並堅持養成一個一切資源、精力向着目標傾斜的習慣。另外，隨着步驟的實施，我們應該及時和孩子一起複盤，根據效果調整和完善行動目標及執行計劃。

說到規劃未來，那麼你就必須知道未來需要甚麼樣的人：「未來，將屬高感性能力的另一族群——有創造力、具有同理心、能觀察趨勢、能為事物賦予意義的人。我們正從一個講求邏輯與電腦效能的訊息時代，轉化為一個重視創新、同理心與整合力的感性時代。」

除了儲備必要的專業技能知識以外，以下能力則是規劃生存能力、均衡素養的關鍵：

1. 社交能力、協商及共情能力：觀察人和事物並進行分析整合的能力。

2. 同情心和接納尊重及幫助他人的能力：這能讓孩子收穫很好的資源。

3. 創意和審美能力：做有價值的差異化的努力。

最後我們說一說人生規劃。很多時候人生規劃大概說的是節奏和選擇。比如，我們多大讀書，多大工作，甚麼情況下結婚，甚麼條件下生孩子，給家人和自己甚麼樣的生活，要璀璨奪目的人生還是平淡幸福的人生。因為不同的節奏和選擇，有不同的付出和時間。

有時候人生規劃和職業規劃是密切相關的，比如說一個人決定了自己要做科研工作，他需要讀大學、考研、讀博等，那麼畢業後工作，建立家庭可能就比同齡人要晚，成家生子估計是三十歲以後的事了。相反，有的人早早地就結婚了，那麼在做未來的職業選擇的時候，要兼顧精力，為家庭讓步。每個人在做任何選擇的時候，都需要考量整體和平衡性。

今日作業

家長嘗試每隔一兩個月就問問孩子喜歡的事物，長期關注後，看是不是能發現一個系統的規律，從而確定一個方向。如果確定了方向，對其進行培養，不管可能成為未來的職業還是愛好，都好。

所謂成功的人生，就是規劃得早、執行得好、平衡協調的人生。家長應早一點兒懂得孩子，幫他做一個專屬的規劃，並全力支持他實現目標。

——北辰

第五章

社交篇

21 成功的人都懂得屏蔽外界的干擾

心理學關鍵詞
鳥籠效應

心理學家詹姆斯和好友物理學家卡爾森幾乎同時退休。一天兩人打賭。詹姆斯說：「Hi bro，我一定會讓你不久就養上一隻鳥。」卡爾森笑着搖頭：「我不信！因為我從來就沒想過要養一隻鳥。」

沒過幾天，恰逢卡爾森生日，詹姆斯送上了禮物——一個精緻的鳥籠。卡爾森笑納了：「我只當它是一件漂亮的工藝品。」從此以後，只要客人到訪，看見書桌旁那個空蕩蕩的鳥籠，幾乎無一例外地問：「教授，你養的鳥甚麼時候死了？」卡爾森只好一次次地向客人解釋：「我從來就沒有養過鳥。」

然而，這種回答每每換來的是客人困惑甚至有些不信任的目光。

最後，出於無奈，卡爾森教授只好買了一隻鳥，詹姆斯的「鳥籠效應」奏效了。

我在很多城市的民政局婚姻登記處都有朋友任職，了解一些要結婚和離婚的大數據之類的，這裏我想説一個很有趣的事。我走訪發現，很多夫妻去離婚，義憤填膺，表現得很決絕；但是如果你稍微留意，問問他們到底為甚麼離婚，你會發現大多是因為一件很小的事情最後連帶出很大的情緒，惡語相向，其實離婚根本不是他們兩廂情願的。我曾經現場化解了很多這種尷尬，簡短地調解之後，兩人回家過日子去了。

這就告訴我們，其實我們在處理一些問題的時候，最後的結果往往並不是我們想要的，我們在發洩情緒的時候，逞一時之快，而往往忽略了我們要甚麼。

還有一些時候，我們被別人左右。比如你最近很享受單身的狀態，工作充實，閒暇旅行，生活被自己填滿，沒有談戀愛的想法。可是你的年齡不小了，於是飽受親友、同事關切的問候和嘮叨；於是有一天你不勝其煩，草草結婚應付了事。很顯然，不幸福的概率太大了，因為這不是你想要的結果。

你會發現，「鳥籠效應」就是自己特別容易被他人的導向左右，而不是關注問題的關鍵所在，讓你誤入「圈套」，進入了一個完全背離初衷的錯誤軌道。

人最難擺脱的是無謂的煩惱。許多人不正是先在自己的心裏掛上一隻籠子或張開一隻袋囊，然後再不由自主地朝其中填一些東西嗎？

你看，偉大的物理學家在明知道事實的前提下，還是被左右，做出了一個和自己想要的結果完全相反的決定。

「鳥籠效應」告訴我們：人們會在偶然獲得的一件原本不需要的物品的基礎上，繼續添加更多與之相關、而自己不需要的東西。

「鳥籠效應」是人類最難擺脱的心理問題之一。當我們開始為某個可能到來的偶然事件感到焦慮時，我們幻想着自己能做些甚麼來緩解焦慮。

但實際上，我們的所作所為不但無法幫助我們擺脱焦慮，反而會讓我們越來越焦慮。

我曾看過這樣一則寓言：

一個人走在路上，突然流起了鼻血，為了止血，他抬頭望天。路過的人看見他在望天，以為天上有甚麼東西，於是停下腳步，跟着抬頭望天。後來的人看見這兩個人在望天，生怕錯過甚麼，於是也加入進來。望天的隊伍越來越壯大。

流鼻血的人總算止住了血，低下頭發現很多人在望天，好奇地問他們：「你們在望甚麼？」

有人說：「天上有飛碟！」

有人說：「馬上要下雨了！」

還有人說：「天馬上要塌了！」

流鼻血的人大驚失色，繼續抬頭望天，不知道天上到底發生了甚麼，但害怕自己錯過甚麼。

沒有人知道其他人為甚麼要望天，但每個人都被大環境捆綁。他人的千篇一律的舉動，激發了我們與生俱來的恐懼感和焦慮感。

如何擺脫「鳥籠效應」？這需要我們嘗試着做三件事：

1. 羅列生活目標清單，並執行。「鳥籠」無處不在：我們買了一件短褲，就會想要再買一件配套的上衣；買了一件上衣，就會想要再買一條配套的褲子。到最後，我們花了更多的錢，卻買了自己並不打算買的東西，感歎自己得不償失，同時思考起「更加有效」的做法。為甚麼我不能把要買的東西羅列成清單，每完成一樣就畫一個勾呢？一來，這可以讓我們掌握生活的主動權；二來，也便於我們複盤，反思自己做了多少和目標無關的事情。

2. 每天鼓勵自己，培養積極思維。我們很容易陷入一個謬誤：生活必須越來越好，才對得起自己的辛苦付出。

這種心態本質上是一種否定，「正因為我現在的生活不夠好，不夠安全，所以我需要更多更好的東西來填充它」。這是一種消極的生活方式，更加積極的做法，是看清現在的生活雖然不夠好，依然值得熱愛。鼓勵自己珍惜當下，培養積極思維，比渴望擁有更好的生活能帶來更多的幸福感。而幸福感，才是對抗一切負面情緒的「特效藥」。

3. 設立軸心，避免多餘的行動。避免被大環境影響最直接的方法，是給自己一個軸，自己圍繞着它旋轉，如同陀螺一樣，不偏離初心。行為心理學之父約翰・華生（John B. Watson）認為，人的一切外顯行為，都有一個心理動機。比如全職太太把家庭放在內心的第一位，一切和家庭無關的事情都顯得微不足道。這有一個好處是：即使遭遇「鳥籠」，也能優先照顧好家人，不被大環境捆綁。

預防「鳥籠效應」的不良影響有以下的方法：

1. 時常檢視自己潛意識中的「鳥籠」。記下那些我們認為理所應當、本該如此的想法，然後回想這些想法是甚麼時候、怎樣產生的；理智思考造成自己有這種思維的事物是有效的嗎，值得信賴嗎？有事實依據嗎？

2. 明確他人「鳥籠效應」背後的內心需求，分清人際界限。當你破除了自己身上的「鳥籠效應」，接下來要做的就是避免受別人的影響。人是具有社會性的生物，每個人與周圍的人都有着複雜的聯繫，很多時候因為周圍的人被植入了同一個「鳥籠」，而自己沒有被植入這種「鳥籠」，自己就會顯得異類。有很多人往往為了滿足別人心中的「鳥籠」而選擇自己並不喜歡的生活方式。規避「鳥籠效應」，我們怎麼能永遠以結果為導向去處理問題呢？

1. 不忘初心：這聽起來很耳熟吧？其實很不簡單，內涵深刻。初心其實就是我們開始想要的結果以及價值導向，但是我們很多時候走着走着就忘了，就偏離了軌道。溝通也一樣，比如開始只是想讓老公給自己買一個手袋，那麼你就應該盯着這個初心，向着這個結果去想辦法，說一切有利於這個結果的話。可是有的人在老公提出質疑的時候，馬上就沉不住氣，忽略了結果，開始怒懟，這完了，肯定挑起戰爭啊！最後你都忽略了你為甚麼溝通，結果一定不是你想要的，甚至有的小夫妻就是因為這樣而去鬧離婚，因為你攻擊了對方的老人。

2. 咬住訴求：這也很容易理解。在溝通中，對方很可能在遇到難處和可以迴避的時候「打太極」，比如在職場上向老闆要求一些待遇的時候，或者在和家庭成員談判的時候，我們往往一疏忽就被對方轉移話題帶跑了。當你走出房間，結束溝通時才猛然發現，甚麼都沒有解決，根本不是你要的結果。所以，你一定要隨時保持清醒，咬住訴求不放。

3. 量化指標：不以結果為導向的溝通一般沒有實際執行標準，比如你的朋友如果說「好久不見，改天聚聚啊」，這種多半是不會在近期成行的。既然大家很久不見，以後也會很久不見的。但是如果朋友說「明天下午六點半，灣仔六國飯店見」，那麼這就基本定了。

所以，以結果為導向的要點之一是：要商討出可以執行的、很具體的、可量化的指標訊息。

今日作業

找出一件最近讓你比較焦慮不解的事情，試着按照結果導向的思路，在紙上寫出當下的情況和你要的結果，再試着思考哪些有效的方法可以為結果所用。

有句話說，一切不以結婚為目的的談戀愛都是耍流氓。雖然這話有些調侃的意思，但這就是以結果為導向。放下抱怨，想着我們要甚麼，當下做的事是為了結果服務嗎？

——北辰

22 跳脫「當事人」身份，成功變形「旁觀者」

心理學關鍵詞

上帝視角

「上帝視角」乃敘述視角中第三人稱視角（第三人稱敘述）的別稱。使用第三人稱敘述者如同無所不知的上帝，能夠以非現實的方式不受限制地描述任何事物，如在同一地點的不同時間點展開敘述，或是多個角色的心聲交替出現。其敘述方式由於沒有視角限制，又稱「上帝視角」。

我們通常所說的「上帝視角」，其實是頗具貶義的，比如斥責某人「站着說話不嫌腰疼」，比如用俯視的口吻說某人：「你們怎麼這麼幼稚。」貌似有一種唱高調、打官腔，甚至事不關己的感覺。

但我必須說明的是，我們今天講的是加了引號的上帝視角，目的很簡單，當雙方關係僵化、協調無望的時候，我希望你能跳出當時的拘泥場景，甚至從當事人的身份中跳脫出來，站在比旁觀者更高級一點兒的角度看待問題，也許事情的發展就完全不一樣了。

平時在電台做心理諮詢熱線節目，我發現有一個很有趣的現象，那就是經常聽某個聽眾說：「唉！難為你了，這麼簡單的事情他們也打電話諮詢，要是我肯定不會這樣。」可是沒過多久，當初說這話的人，就發生了一件事，自己想不通，打電話來問我了。結果可想而知，可能也會有其他的人笑話他：這麼小的事情，也值得打電話諮詢？

你看吧，這很有趣。我們笑話別人的時候，所處的就是「上帝視角」，覺得這個問題很簡單，思路也很清晰。但是當自己遇到問題了，就成了焦灼的劇中人，一切都亂了。

這就說明了一個簡單的道理：旁觀者的上帝視角最大的功能在於：他可以看清楚問題，然後找出解決問題的方法。而在任何膠着的關係中，主體方想得更多的是自己當時的情緒和得失，是很難靜下心來想到方法的。

說到這裏，我有必要說一下旁觀者視角和我們希望你做到的「上帝視角」的區別了。

後者更寬容、更高級、更謙和一些。

我舉家庭關係為例。媽媽和孩子因為寫作業的事情吵得一塌糊塗，孩子拖拉，母親憤怒，這時候一般父親會出現：「孩子小，你慢慢說嘛，我們小時候不也經常這樣！」這時候母親一般會更為憤怒：「你不管孩子，還說這樣的風涼話！」

其實，此時父親所處的角度，就是「上帝視角」，他不但擁有旁觀者看清真相的能力，還有了更寬容、更客觀的角度。父親說的話無疑是對的，母親處在事件當中，在焦灼情緒下往往會做出對事情發展沒有益處的決定，催促孩子，更多的是和孩子相互發洩情緒，是無法解決問題的。這時候父親引導孩子，讓孩子先放下學習，去玩一會兒，也就排除了其對寫作業本身的抵觸，孩子回來之後反而很快把作業寫完了。

所以你會發現，我們這裏所說的「上帝視角」，是讓人冷靜客觀地找出解決問題的有效方案的視角。

最後，我再給你幾個在溝通協調中建立「良性的上帝視角」的方法：

1. 假想第三人：如果你處在溝通僵局中，先在腦海中嘗試着把自己放在關係中，然後假想自己是第三人，看自己怎麼看待和評價這件事。記住，你要對包括自己在內的雙方進行客觀評價。

2. 不帶情緒不貼標籤：溝通失敗大多是情緒和貼標籤所致，比如「你很笨」、「你怎麼不聽話」、「你氣死我了」之類的話，這些全是毫無意義的發洩，只能讓事情變得更糟。「上帝視角」是微笑的視角，是包容平和地去看待問題。

3. 換位思考：也就是心理學經常講的共情。我們拿剛才的怒氣媽媽舉例，如果這時候她想到孩子為甚麼學習效率越來越低，是不是白天在學校太累了，幾乎沒有玩的時間，對寫作業本身有抵觸情緒，那讓孩子玩一會兒，放鬆一下再寫作業，事情的發展也許就會是另外一種結果了。

今日作業

找出最近一次你和家人或者朋友溝通失敗的案例，嘗試着自己跳脫出來，站在「上帝視角」上重新審視整個過程，看能否找到不同的解決路徑。

你不是我，我也不是你，我們也許無法彼此懂得和體諒；但是當我們真的做到我不是我，你也不是你時，也許事情就簡單了。

——北辰

23 如果進了門，離成功就不遠了

心理學關鍵詞

門檻效應

在心理學中，「門檻效應」指的是如果一個人接受了他人的微不足道的一個要求，為了避免認知上的不協調或是想給他人留下前後一致的印象，極有可能接受其更大的要求。關於這個效應的理論是美國社會心理學家弗里德曼與弗雷瑟在試驗中提出的。

試驗過程是這樣的：試驗者讓助手到兩個居民區勸說人們在房前豎一塊寫有「小心駕駛」的大標語牌。他們在第一個居民區直接向人們提出這個要求，結果遭到很多居民的拒絕，接受的僅佔百分之十七。

而在第二個居民區，試驗者先請求居民們在一份贊成安全行駛的請願書上簽字，這是很容易做到的小小要求，幾乎所有的被要求者都照辦了。試驗者在幾週後再向這些居民提出豎牌的有關要求，這次的接受者竟佔百分之五十五。為甚麼同樣是豎牌的要求，卻會產生差別這麼大的結果呢？

研究者認為，人們拒絕難以做到或違反個人意願的請求是很自然的，但一個人若是對某種小請求找不到拒絕的理由，就會增加同意這種要求的傾向；而當他被捲入了這項活動的一小部分內容以後，便會產生自己以行動來符合所被要求的事情的各種知覺或態度。

這時如果他拒絕後來的更大要求，自己就會出現認知上的不協調感，而恢復協調的內部壓力會支使他繼續幹下去或給出更多的幫助，並使態度的改變成為持續的過程。運用這個方法來使別人接受自己的要求的現象，心理學上叫作「門檻效應」。

如果你在日常生活中學會運用「門檻效應」來與人們進行溝通，更易於得到對方的配合與支持。比如你從老師那裏得知孩子期末考試好幾門功課沒及格，從孩子沒進門開始就生悶氣，想着如何教訓他；那麼顯而易見，當看見孩子回家那一刻，就是你情緒發作、爆炸的時候。而孩子會瞬間築起圍牆，想好對策，甚至屏蔽你的咆哮。這無疑會是一場失敗的溝通。

「你給我過來！還有臉回家！」

「你說，你怎麼考成這樣？」

「下次能不能都保證及格？」

此時，不管孩子怎樣對抗或者屈服，其實心理活動都是這樣的：

為甚麼我沒考好就不讓我回家？這是要趕我走嗎？

我如果能知道為甚麼考這樣，就不會考成這樣了！

下次全部及格？我做不到！

結局是以兩敗俱傷告終。

上述例子中，溝通失敗就在於，雖然孩子屈服了，但是豎起了屏障，你們之間沒有正向的情感連接，你根本沒有邁過孩子心裏的門檻，一直被拒之門外。

所以，如果你這樣做：

1. 整理一下思路：確定目的，溝通是為了找出原因，為了提高成績，所以見效就好。

2. 如何邁過門檻：先找到一個目標，如孩子比較容易做到並答應的小要求。

3. 提供解決方案：任何問題的解決最後靠的都是方法，只談要求是沒有意義的。

如果母親以上述幾點為基礎來進行溝通，同樣的場景可能就會是這樣的畫面：

進門時：「兒子回來了，先洗洗手吃個蘋果，一會兒飯就好了！」

兒子的心理活動：我媽居然沒罵我！無論怎樣，她都是愛我的。

晚飯後：「兒子，針對這次的成績，你有甚麼想法呀？」

兒子的心理活動：媽媽徵求我的意見，我得表態，不能讓她失望。

「媽媽，我覺得是我玩手機太多了，決定以後不經常玩手機遊戲了。」

「太棒了，那媽媽和你一起制訂一個日程安排，分配好玩和學習的時間，好不好？」

「好的，媽媽。你放心，下次考試，我一定不讓你失望！」

這就是成功的引導式教育對話模型。對話中的媽媽其實巧妙地運用了「門檻效應」，而且第一個要求「減少玩手機遊戲的時間」並沒有直接提出來，而是通過情感連接，讓孩子主動提出來，進而提出提高成績的「大要求」。

比起直接怒斥並要求孩子短期內達到多高的目標，這種方法更有效。

其實「門檻效應」也能在生活的各個方面得到運用，這需要我們慢慢去摸索和體驗。你可以在與周圍的人交往中使用「門檻效應」，讓他人從心底裏願意接受你提出的觀點。在實際生活裏靈活地用好這個心理學，你就能經由溝通交往，一步步地邁進他人的「心田」，給對方留下親切友好的印象。

這個心理學效應可以說用途相當廣泛。

先來看營銷方面：

一個人接受一個小的要求後，往往願意接受一個更大的要求，推銷員就常常使用這種技巧來說服顧客購買他的商品。通常成功的推銷員不會直接向顧客推銷自己的商品，而是提出一個人們一般都能夠或者樂意接受的小要求，最終一步步地達成自己推銷的目的。

其實對推銷員來講最困難的並非推銷商品本身，而是如何開始這第一步。

比如我們經常聽到店員說：「女士，我們上了很多新貨品。您買不買沒關係，我們特別邀請了名模展示，您進來看一看。」

當你被一名推銷員請到店裏，可以說他的推銷已經成功一半了，即使你開始並不想買他的賬，僅僅是想看看表演。有時我們會發現這的確是一個達到自己的目標的好辦法，尤其是用於和不太熟悉的人打交道的時候，偶爾使用一次成功率還是挺高的。

在員工管理方面的應用：

在要求別人或者下屬做某件較難的事情，而又擔心他不願意做時，你可以先向他提出做一件類似的較小的事情的要求。同樣，對一個新人，上級不要一下子對他們提出過高的要求，先提出一個比過去稍有難度的小要求，當他們達到這個要求後，再通過鼓勵，逐步向其提出更高的要求，這樣員工容易接受，預期目標也容易實現。不過你要記住，有的時候還是要看住自己的「門檻」，該拒絕的時候一定要拒絕。

在婚戀交友方面的應用：

一位男士遇到令自己心動的女孩子，如果馬上直截了當地要與對方結為夫妻，共度一生，恐怕女孩子會在驚訝之餘，對其避之唯恐不及。大多數男士會邀請她一起吃飯、看電影、逛公園，在這些小要求實現之後，才順理成章地向其求婚。

最後，我想特別提醒你，很多事情的作用是雙向的，你在用「門檻效應」的同時，別人也在用。當別人說出這句話時：「能幫我一個小忙嗎？」你就要注意了，很有可能你已經被套路了。

我在這裏給出幾個防止被「門檻效應」套路的小技巧：

1. 牢記內心訴求：通俗地說，你要知道你是來幹嗎的，終極目的是甚麼。比如你是去買日用品的，那麼面對服裝店員的誘惑，就果斷拒絕，「逛逛」就是消費套路。所以，牢記終極目的是王道。

2. 切勿貪佔便宜：俗話說，天下沒有免費的午餐，愛佔便宜的你，一定經常被「門檻效應」套路。日常生活中，很多人並沒有買保險的需求，但是因為沒有果斷拒絕，結果被保險銷售員以「我們公司有免費講座，還準備了精緻的下午茶」為誘餌，被成功地說服，買了保險。

3. 學會共情思考：套路和反套路是把雙刃劍的對立兩面，人生處處都在博弈，在對方提出要求的時候，你要先換位思考，預測一下後面的提出大要求的可能性，心裏提前有個底線，保持清醒。

今日作業

使用「門檻效應」去解決一個生活中的問題吧！比如丈夫從不參與做家務。

一個幫你一次的人，更願意幫你第二次；一個答應你的小要求的人，更可能答應你的更大的要求。如何和人發生最初的情感連接，很重要。

——北辰

24 是你的忍讓造成了別人的習以為常

心理學關鍵詞

人際期望遞增效應

心理學上有一個很著名的「人際期望遞增效應」。人為甚麼會對不公平習以為常？為甚麼父母和領導對自己要求很高，對那個不優秀的人卻很寬容呢？還有，如果一個人一直做好事，最後做了一件壞事，人們對他的評價更趨向於負面；如果一個人一直玩世不恭，時常做壞事，當他做了一件好事，人們對他的評價趨向於正面。為甚麼？這就是「人際期望遞增效應」。

我先來講一個案例。

我多次在演講和課程裏講到一個桃子的故事：一個妻子給我打電話，淚流滿面地訴説自己的委屈。在北方的冬天，她下班回家遇到了賣桃子的人，想着孩子、老公特別喜歡吃桃子，於是就咬咬牙買了反季水果，一百塊三個大桃子，回家洗好了給兒子、老公和奶奶每人一個，自己換了衣服又馬不停蹄地開始在廚房做飯。在整個過程中，她聽着身後客廳裏三人邊吃桃子邊説笑的熱鬧聲音，忽然就覺得悲從中來，居然沒有一個人讓她嘗一口桃子。直到她聽到三個桃核相繼被扔進垃圾桶的聲音，就崩潰了，於是奪門而出，找我傾訴。

女人説，他們是一家人，而她是外人，那種感覺特別強烈。

我只送了她兩個字：活該。

為甚麼呢？很簡單，當她只買三個桃子的時候，就已經把自己排除到了家庭以外，把自己當局外人。不是一家人的感覺是她自己造成的，而且完全可以推測出來，以前很多時候，她也是這樣做的。

女人覺得全家都開心，自己就開心；全家人都吃了，比自己吃還得勁兒。

可是請問，事實上她心裏真的是這麼想的嗎？時間久了，所有人都習慣了她的付出，並習以為常後，她還會舒服嗎？她是真的無怨無悔嗎？

當你指責你身邊的人不懂感恩、不珍惜你的付出的時候，想過為甚麼嗎？是他們很壞？我看未必。

道理也不複雜，因為印象已經形成，人們已經給你貼上了一個標籤，比如案例中的媽媽，就是一個凡事想着家裏人，自己不吃不用的人。

我們試想一下，以前可能有孩子給媽媽吃東西的情況，媽媽也一定是說：「我不吃，寶寶吃。」老公和奶奶可能也有過類似謙讓的時候，但是你一直拒絕這份好意，時間久了，別人就有了固定印象，因為這樣的謙讓是無意義的，他們就習慣性地跳到結果，那就是你不會吃的。

所以，你就懂得了，這些是自己的自我設定造成的，你的自我設定就是付出，就是以家人的快樂為自己的快樂，那麼結果也就演變成了現在的樣子。

首先，你得知道自己到底想要甚麼。很簡單，做自己無怨無悔的事情。如果你設定的就是以別人的快樂為快樂，甘願付出，那麼就請快樂地付出，不能抱怨。

如果你希望別人懂得感恩，那麼就應該告訴別人你的需求，並且培養他們的這種意識。說回案例，當家人謙讓的時候，你絕不能永遠拒絕，尤其是對孩子，要學會接受，從而告訴他們，你一樣需要愛和關注，一樣是這個家庭的一員，有資格和他們一起分享一切事物。

其次，自我設定要合理化、標籤化。不僅僅在家庭中，包括在職場上也一樣，能讓你印象深刻並記憶猶新的一定是那個可以瞬間標籤化的人。那麼標籤是甚麼？就是一個成熟的自我設定，這個自我設定是源於你對自己的了解的評估，並加上自己的意圖。比如你技術一流，就可以向着「技術精英」這個標籤去經營自己；比如你飽讀詩書，在家裏就是「最有文化的人」。這種無論是社會還是家庭角色的設定，都是自己想要的樣子。

再次，自我設定要根據環境改變。最高的情商就是知道在甚麼場合如何說話做事。我們自我設定的角色，也是有特定環境歸屬和限制的。比如，你在本公司成為「技術精英」，不代表在整個行業也是；比如，你在家裏是「最有文化的人」，不代表你在公司或者其他社群也是。所以，自我設定要有多個環境角色的區分，也可以有多個自我標籤。比如，在家裏，你是最溫柔的妻子；在公司，你是雷厲風行的管理者；在同學中，你是學霸；在閨密那裏，你是無話不說的知己。這種移動變化的人設，不但豐富你的形象，也是你社交的法寶。

那麼，如何防止他人因為人際期望遞增效應而不懂感恩。習以為常的情況呢？下面我給出幾個應用秘籍：

1. 減少無償服務：服務和幫助本身就是有價值的，成人社會是現實的；因此我們有給予別人幫助的義務，但不是教育別人索取，而是感恩和付出。輕易不要免費服務和提供幫助，當然，專門做慈善和公益除外。

2. 幫助值得幫助的人：這是我們的古語，是有道理的。很多人窮，是因為不努力，甘願平庸，甚至習慣了伸手接受救助，所以愛心不能氾濫，更不允許被踐踏——對經受災難、危急時刻、不可抗的損失的人等，我們當然可以傾囊相助——總之要幫值得幫助的人。

3. 讓付出看到回報：很多「雞湯」說，付出不需要回報，他可能對回報這個詞有甚麼誤解。其實每一份付出都是需要回報的，這種回報可能不是等價交換，也不拘泥於形式。就像資助貧困生，我們自然希望他能努力學習，將來成為棟樑；比如天天給花澆水，你當然希望花開，這就是一種你期待的回報。所以，我們提倡正向意義的回報，並提倡在付出時就該提出來。

4. 拒絕討好型人格：很多人不好意思拒絕別人，就把自己逼成了討好型人格，不但委屈自己，還可能讓別人得寸進尺，形成惡性循環。所以，做讓自己開心的決定，堅持自己的底線和原則，這樣你才能徹底拒絕無休止地被利用、被道德綁架。

今日作業

嘗試做一次你糾結很久的拒絕，放下面子，遵從內心地做一次選擇。

自己是甚麼人才會遇到甚麼人，別人眼中的自己，源於自己曾經的定位和努力。對別人的要求，你當然有權拒絕，當然可以選擇做自己心甘情願的決定。

——北辰

25 適度的降溫是處理關係的秘籍

心理學關鍵詞

淬火效應

金屬工件加熱到一定溫度後，浸入冷卻劑（油、水等）中，經過冷卻處理，工件的性能更好、更穩定。對長期受表揚頭腦有些發熱的學生，我們不妨給他設置一點兒小小的障礙，施以「挫折教育」，幾經鍛煉，其心理會更趨成熟，心理承受能力會更強。對麻煩事或者已經激化的矛盾，我們不妨採用「冷處理」的方式，放一段時間，思考會更周全，辦法會更穩妥。

今天我們說說情感連接這個話題：我們這一板塊聊的是和諧關係，談到關係，那麼一切出發點都需要以情感連接為路徑，失去相關連接就是個人行為，談不上關係了，更談不上和諧。

我們的感情需要降溫！

連接，也就是找一個通道和橋樑，或者說你們的共同點就是心理學上說的共情能力，這是打開彼此連接的最佳通道。

情感連接，就是通過分享感情和感覺與他人建立遠超生理層面的感覺的聯繫。連接不是與生俱來的，一定是積累後的水到渠成；所以你可以把它理解為情感儲蓄，或者用心經營後的狀態。

即使是在最親密的關係裏，依然如此。很多時候，我們總是忽略掉了這個一般條件，結果出了問題，還得重新做情感連接。我們經常發生的爭執、背叛、誤會、衝突，其實大多是由於情感連接斷裂，導致雞同鴨講，對牛彈琴。這一點在溝通上顯得尤為突出。

我們來聽案例：

小嚴和男友異地戀，兩人年初在老家相親認識的，相處幾日，各奔東西，後來一直是訊息、電話聯繫。男方家裏說，可以考慮一下結婚的事情了，今年過年回家就訂婚，兩人也都老大不小了。小嚴斷然拒絕了，這一年兩人就見了一次面，相處不過三天，其他時間忙起來可能半個月沒聯繫，怎麼就談婚論嫁了？

你看，這就是最簡單的沒有情感連接的例子。感情升溫，不僅僅是靠時間。

說到這裏我們來深入剖析一下情感連接的幾個層次：初級連接、中級連接和高級連接。

如果你們處在初級連接階段，就不能做高級連接的事。比如你和男神剛認識不久就找男神表白，暗戀對方半年無信號暗示，突然找對方表白等行為。

因為這時候的你們只處於一種初級連接的狀態。案例中的小嚴和男友雖然認識一年，但是疏於聯絡，也僅僅處在初級連接階段。

而表白或確定關係是高級連接該做的事，你想過對方是否了解你嗎？連接必須是相互的，如果只有你連接了他，他沒有連接你，這就是一個失敗的情感連接。

所以，初級連接也叫「搜集資料」。

我們在剛認識對方時，會盡一切努力去了解對方的情況，比如了解他的工作、基本訊息、他是個甚麼樣的人、有甚麼愛好、愛吃甚麼、不吃甚麼等。

我們會盡可能地搜集關於他的資料，使這個人在我們腦海中的印象逐漸清晰化，因此我們也會更加了解對方。接着，我們需要往中級連接推進。

中級連接也叫「試圖聯繫」。

就是說，我們試着將自己與對方聯繫起來。

搜集資料只能讓你更了解對方，但他還是他，你還是你，想要你們之間產生關係，只有通過聯繫才能讓關係進階。

比如，男人的愛好是美食，你可以用美食和他聯繫起來。

「我和你說，你不是北方人嗎？我發現一個超級好吃的麵館，那個麵的口感特別韌性。」

這就是最直白的想和對方建立中級連續表達，因為你說到了對方的興趣點。你可以把建立中級連接的方式定義為投其所好，所以它的前提一定是你了解了他的喜好，也就是完成了「搜集資料」。

當我們處於中級階段一段時間後，就會想和對方確定關係，雖然你們在中級連接上互相很有好感，都喜歡對方，但是就差「臨門一腳」了，這一腳就是高級連接。

高級連接也叫「沸點昇華」。

這是關係突破的重點，即需要讓關係提升到一個沸點。

那這個沸點是甚麼呢？就是意識相似性和需求互補性。

意識相似性：你就像是這個世界上的另一個我。

需求互補性：你想要的一切我正好都有。

刺激情緒與達到共鳴，是拿下對方的最後一步。

最好的關係一定是你對我有意義，否則我為甚麼要和你連接呢？

要麼志同道合，你和我很像。人都有源於心底的自戀，很多人找愛人是找一個比自己更愛自己的人。

或者你有的特點是我沒有的，你可以補足我，至少是滿足我的好奇心和探究另一個世界的願望。

當兩個人產生真正的情感連接時，你對他的情感就會發生微妙的變化。

當我們製造情感連接時，有一點十分重要，那就是我們不要去展示太多情感，因為我們展示的情感質量比數量重要。同樣，在製造情感連接時，男人要傾聽女人說的話，因為潛台詞和聲調也十分重要。

為甚麼異地戀很難維持？

就是因為大多數情侶彼此的聯繫感比較弱。「我需要你的時候你又不在」，是不是我們常常聽到女朋友這麼說？這就是安全感與可得性的問題。

比如說你養一隻小狗幾年了，每一天都餵牠狗食，給牠洗澡，給牠修剪狗毛，帶牠出去玩，你去哪兒牠就去哪兒。可是有一天牠突然生病死掉了，你會非常傷心，難過痛苦，甚至為小狗茶不思飯不想。

為甚麼呢？

那就是我們在整個過程中付出了自己的時間和情感，所以牠突然離去你會很不捨得，會傷心。

說回案例，小嚴和男友應該怎麼突破，建立連接？

1. 持續跟對方聯繫。你要讓對方感覺到你的存在，你重視他。我們都知道人有依賴性，對沒有得到的東西都不會在意，但是對得到的東西一下子讓他割捨那他會很不習慣。所以一個人養成一個壞習慣是非常可怕的。

你每天都去找女生聊天，持續聊了一個禮拜，突然有一天你不再聊天了，那麼她肯定會來找你聊天。因為你們在整個過程中建立了聯繫感，這種聯繫感本身就是一種情感連接，當有一天這種聯繫感不見了，她就會感覺不舒適。

就好比每天有個人跟你說晚安，連續講了一個月，忽然有一天他不跟你說了，這時候你會不會想他，肯定會對吧？

2. 我們要跟對方產生共鳴。交朋友、談戀愛的時候能跟我們迅速聊上話題並且「三觀」一致的人，我們都能很快信任他並且打破談話的僵局。為甚麼？因為我們有共同處。這種共同處使我們更加舒適、更加安全，更容易了解對方。當我們跟女生在一起的時候，更多的是要了解女生喜歡的話題，喜歡玩的地方。

你和對方聊對方比較喜歡的話題，這樣更容易產生共鳴。產生共鳴之後能更快速地建立情感連接。

3. 多關懷她們。女人是情感動物，感情非常細膩。平時你可以像個大男人一樣，但你也要多關心她，給她溫暖，給她信心。

她過生日的時候送她一份意外的驚喜，帶她去看她想看的電影，去她想去的地方，她生病的時候推掉所有的事在她身邊照顧她，這些都會令她們感動。

4. 給她們情緒價值。比如你表現得風趣幽默，能夠讓她開心。還要有足夠的時間和耐心，最後需要你堅持付出時間和真心。女生到了結婚的年齡更希望找一個能夠陪伴的人，大多數的女生沒有安全感，陪伴才能長情，兩個人的感情才會更好。

最後我再說一個很重要的防止你走極端的觀點。

一說到情感連接，大家自然會想到溫度；事實上，正確的連接不僅僅是一味地增加溫度，也包括用方法降溫，加與減，保持一個平衡和合理的度，不燒灼，不怠慢，不習以為常。

舉個例子你就懂了，比如我們想和正覺得自己很委屈的人建立連接，如果你是哄勸，對方就會哭得越來越嚴重，小孩子尤其是這樣。這就是加溫，而此時你應該做的是降溫。

比如當你看見低垂着頭的丈夫，要輕輕地對他說：「你遇到這樣的事，心裏一定很憋屈吧？」而不是「誰欺負你了，真不是東西！」

這樣一份理解，會讓任何一個人心裏一下子得到安慰，他明白在這樣的經歷中，內心的難過是被允許的，在你這裏釋放情感是安全的。這就是恰如其分的連接。

自然，他的心會與你的心貼得更近。一個無法去理解別人感受的人，往往是自己的人生經歷不夠，無法明白對方的感受。共情的表達，簡單一句話就是：「我懂你的不容易。」

今日作業

你需要丈夫幫你完成一件事情，嘗試一下換一種與他有情感連接的表達方式。

愛一個人，做一桌好飯只是形式，這之下的情感連接，才是人內心深處的真正溫暖所在。你讓他做的事，和他有甚麼關係？於他意義何在？這是終極思考。

——北辰

第六章

勵志篇

26 成功與否不取決於你的長處有多長，而是短處有多短

心理學關鍵詞

木桶效應

在心理學上，有一個「木桶定律」，是講一個水桶能裝多少水取決於它最短的那塊木板。一個木桶想盛滿水，必須每塊木板一樣平齊且無破損，如果這個桶的木板中有一塊較短或者某塊木板下面有破洞，這個桶就無法盛滿水。一個木桶能盛多少水，並不取決於最長的那塊木板有多長，而是取決於最短的那塊木板有多短。

我們每個人都不是完美的，長板短板始終存在，如何揚長避短，看到長處，不迴避短處，才是硬道理。

我們經常在吵架的時候説這樣一句話：為甚麼你做不到的事情，你要求我去做？這似乎是一句很有道理的話，己所不欲勿施於人嘛！

但是你仔細想想貌似哪裏又不對勁。今天就來批判一下這個觀點：我做不到，但是我知道這個事情是對的，就不能要求你了嗎？請大家仔細想一下以下問題。

場景一：我要求你的我可能做不到。

拿我自己舉例。筆者在電台做了二十多年的心理諮詢節目，家庭、情感、職場，甚至投資、理財，無數問題接踵而至。聽眾詫異：你怎麼都有解決方案，都有方法？那麼你的生活中是不是不會遇到任何困惑，沒有煩惱？這可能嗎？當然不可能，我的煩惱總數不會比你們少，可能只是類型、程度不同罷了。這裏我告訴大家一個秘密：馬雲的煩惱一點兒不比你的少。老天爺是公平的，每一個人的煩惱只是分佈的方向不同，存在的時間點、位置不同。

還有人問我：你告訴我們的事你都能做到嗎？我也坦誠地説，可能很多事我做不到。比如不能熬夜。我一定希望你告別慢性自殺，但是我確實沒有做到。

這裏就有個體差異和需要區別對待的問題。我的工作時間絕大多數是在晚上，直播後到家裏就接近午夜零點，洗漱後躺下可能就午夜一點了。這也是我辭去了另一個電台節目的原因，那個節目是由午夜零點到兩點播的。這說明為了踐行承諾，我也在努力捨棄一些東西。

但是你不能因此否認不要熬夜是正確的，是對我們有益的。有時候我確實做不到這點，但是你做到了，你就贏了。

場景二：我沒做到的，所以才希望你做到。

父母要求孩子，一定要好好學習，要讀書，否則會如何如何。

孩子反問：「那你們小時候學習也不好，也沒上大學，憑甚麼要求我？憑甚麼說我長大了就沒工作、沒老婆，生存不了呢？你們不是也有工作，結婚了，也生活得挺好嗎？」

很多家長被類似的問題問得啞口無言，不知怎麼回應。

其實很簡單，家長可以告訴孩子：正因為爸爸媽媽從小沒有聽爺爺嫲嫲的話，所以在成長路上，比別人付出了更多的辛苦，花了更多時間，在其他方面努力、用力，甚至付出更大的代價。讀書不是成功的唯一路徑，但一定是捷徑。

同理，我們沒做到，但是不希望你走我們的路。你做到了，會生活得更輕鬆，過得更好。

場景三：我做到的，不一定你也要做到。

我的聽友小娟的父母有潔癖，她從小在耳濡目染之下也就極其愛乾淨。結婚後，小娟發現丈夫大林不是每天洗澡，因為這個事情兩人每天都在爭吵，還有擺放物品不規矩、亂扔東西、不是每天換襪子等，以至於定性為「三觀」不合無法容忍。我通過溝通了解發現，其實大林的情況屬大多數男人的通病，也並不是多大的問題，只是對比有潔癖的妻子，顯得就是問題了。事實上，大多數的潔癖人士有一點兒強迫症傾向，如果大林也挑剔下去的話，可能也會發現小娟有很多過分的地方。比如買來的床褥和沙發都不拆塑料包裝，理由是怕弄髒，這就是讓人無法忍受的；比如邊做飯邊擦爐具，有好幾次手被鍋燙到，還是樂此不疲。你看，當我們不知道差別對待、去差異化處理的時候，眼裏就把對方和自己的不同變成了眼中釘肉中刺，甚至不斷強化它，造成更大的心結。

還有一種情況，來自男女不同的本質差異：

男人和女人無論是在生理上還是心理上，無論是在語言上還是情感上，都是大不相同的。

詳細了解我們的不同有助於我們理解異性，解決正遭遇的挫折，預防誤會的產生。當你記得配偶是從不同星球來的不一樣的人時，你就會放鬆自己去配合他，而不會反駁他或試圖改變他。

1. **男人重視能力，女人重視關係。**男人重視力量、能力、效率與成就，喜歡自己解決問題、完成目標，因為獨自完成這些事情證明了他們的能力，讓他們感到滿足。真的需要幫忙時，他們會主動找他們尊敬的人來討論，對方會因有此機會而覺得榮耀，會在傾聽之後提供寶貴的建議。向男人提供他們不主動請求的建議，等於否認他們的能力。

女人重視愛、溝通、美與關係。她們喜歡分享個人感覺，通過表達她們的愛意、關心、體貼來建立和培養關係，從而獲得滿足感。女人是靠談論問題獲取親密關係，而不是依靠解答。

2. **男人通過解決問題解壓，女人通過談論問題解壓。**男女最大的不同在於他們如何處理壓力。男人面對壓力會越來越集中注意力，變得孤立；女人面對壓力會越來越不知所措、情緒化，往往通過談論問題讓自己感覺舒服。

3. **男人的動力來自被需要，女人的動力來自被珍愛。**當男人覺得被需要時，會被鼓舞而充滿動力。當他在關係中覺得沒有被需要時，通常會沉默、缺乏動力，日復一日，越來越無法在關係中當個給予者。反過來說，若他覺得她對他既十分信任，又能滿意他為她做的事，感激他的努力，他會充滿動力，給予更多。

女人覺得被珍愛時，會被鼓舞而充滿動力。當她覺得在關係中沒有被珍愛，她負的責任變成強迫的時候，會因付出太多而覺得精疲力竭。反過來說，若她感到被在乎與尊重，會很滿足並給予更多。

4. 男人喜歡描述事實，女人喜歡表達感覺。男女在使用同樣的語言時，很少是指同樣的意思。譬如，女人說：「我覺得你從來沒有聽我說話」。「從來沒有」這樣的字眼，女人並不真的當一回事，只是用來表達她當時的挫折感。女人採取多種語言——最嚴重的表述、隱喻和概念化的詩一般的——來表達她們的感覺。

5. 男人和女人有不同的情感需求。男女都有六種同等重要的愛情需求，男人基本上需要信任、接納、欣賞、崇拜、認可和鼓勵，女人基本上需要關愛、理解、尊重、忠誠、體貼和安全感。你充分了解了這十二種不同的愛，才能擔負尋找伴侶需求的重大工作。

明白他和你不一樣，並了解和接受這種不一樣，學會「區別對待」，你就不會那麼累了。

最後，我想說，任何關係中，你都可能被區別對待。那是正常的，一碗水端平是不可能的，一切取決於自己的價值和功能，接受不平等才是平等，接受不完美也才是完美。

今日作業

嘗試把你的社交媒體好友分門別類吧，如：親人、摯友、同學、客戶。按照你的需要做一次清理，你就會清理至少一半的準「陌生人」。

朋友分等級，親情有遠近，不要迴避事實。我們就是要全心全意地對待值得的人，有時候絕不「一視同仁」才是真正的公平。

——北辰

27 有些事情一旦開始，便一發不可收拾

心理學關鍵詞

破窗效應

在一九六九年，美國斯坦福大學的心理學家菲利普·津巴多（Philip George Zimbardo）進行了一項試驗。

他找來兩輛一模一樣的汽車，然後停放在不同的地方，一輛車停在加州帕洛阿爾托的中產階級社區，另一輛停在相對雜亂的紐約布朗克斯區。

他將停在布朗克斯區的那輛車的車牌摘掉，頂棚也給打開了，結果當天就被人給偷走了。而帕洛阿爾托中產階級社區裏的那輛車，放在那裏一個星期也沒有被偷走。

但接下來發生的事情就很有趣了。菲利普·津巴多用錘子將這輛車的玻璃敲了一個大洞，結果僅僅過去幾個小時，這輛車就不見了。在這項試驗的基礎上，政治學家詹姆斯·威爾遜（James Wilson）和犯罪學家喬治·凱林（George L. Kelling）提出了「破窗效應」的理論。

如果有人打破了一幢建築物的窗戶的玻璃，這扇窗戶得不到及時的維修的話，那麼就會有更多的玻璃被打破。原因就在於這扇破掉的窗戶容易給別人帶來一種示範性的縱容。很多犯罪案件的發生都是這麼形成的。

這是一個非常普遍的現象，大多數人在經歷這樣的軌跡：年初時躊躇滿志，鬥志昂揚，全年在混吃等死；間歇性努力一把，到了年末便悔不當初。

問題出在甚麼地方呢？

這其實不難總結：很多人之所以總是打自己的臉，最大的原因就是自律性不夠。破窗效應這個理論與自律，與我們的成長，其實有着千絲萬縷的聯繫，甚至可以説，對我們的人生有着至關重要的影響。

你混得不好，可能源於破窗效應。

這理論其實是非常容易理解的，我舉一個很生活化的例子。

原本很乾淨的樓道，但若是有人將一包垃圾扔在角落裏，且不及時清理掉的話，那麼就會有兩包、三包的垃圾放過來。最後這個角落就可能變成一個垃圾堆，久而久之，整個樓道可能都髒兮兮的。

這就是「破窗效應」：起先只是一個小問題，但如果不及時修正，問題就會越來越大，越來越多，繼而引發一系列更為嚴重的後果。

我之所以說這個理論和自律與成長有莫大的聯繫，原因就在此。

比如說減肥這個問題，今天因為太累了，不想跑步，明天又因為太忙了，也不去跑步，久而久之，你就會徹底放棄減肥了，大有一種破罐子破摔的狀態或意味。

事業上的成功與否也是這樣的規律，你今天偷懶一下，明天也偷懶一下，雖然看上去沒甚麼大不了的，但長此以往，你就會徹底成為一個不努力的人，甚至很可能自暴自棄。

有句話叫：「你怎麼過一天，就怎麼過一生。」

細細品味，這話是很有道理的。

放縱、懈怠一天，就相當於打破一個小洞，如果你對此意識不到嚴重性，不及時收斂的話，那麼你的人生就會出現越來越多的破洞，最後便會千瘡百孔。

「勿以惡小而為之，勿以善小而不為。」這是劉備臨終前對兒子阿斗講的一句話，後來也成了爭相傳誦的名言。很多人混得不好，往往就源於「破窗效應」，他們大多經歷着這樣的過程。

別讓「破窗效應」毀掉你的人生。

實際上，「破窗理論」是廣泛存在於各種問題中的。

比如說企業管理，人事之所以要對遲到早退進行考勤，目的就是讓大家明白這是條不可觸碰的紅線。

我們做一個這樣的設想：如果張三遲到沒人管，李四遲到也沒人管，雖然這只是兩個人的行為，但次數多了，就會有越來越多的人上班遲到，整個團隊就會變得特別散漫。所以，設立嚴格的考勤獎懲制度，這看似很普通的一項措施，往往能很好地避免這種壞局面的出現。

我講一個真實的故事。

在二十世紀八十年代，紐約地鐵管理混亂，是全市犯罪率最高的地方，這導致很多人不敢坐地鐵，到了八十年代末，乘客的數量降到了歷史最低值。

後來，紐約交通局聘請了戴維·崗思為地鐵運營總監。他上任之後，將大部分的精力放在了清理地鐵站裏那些混亂骯髒的塗鴉上。他不僅使用了新的清除油漆技術，還配置了大量清潔人員，一些塗鴉的人晚上剛畫完，第二天早上就被清洗掉了。

戴維·崗思規定，被塗鴉的地鐵站不洗乾淨，不准運營。

幾年後，戴維·崗思的繼任者繼續着這種「抓小事」的方法，集中精力整治了地鐵逃票的現象，配置了大量便衣警察，抓住一個逃票的人，就銬上手銬。

二十世紀九十年代中期，紐約地鐵的情況開始有了好轉，到了九十年代末，這裏的犯罪率比十年前下降了百分之七十五，成為全美最安全的地鐵線之一。

將這些小問題解決好了，往往就能從本質上解決棘手的大問題。

人生其實也是如此。

如果不想人生破敗不堪、千瘡百孔的話，那麼我們首先要做的就是及時將被打破的窗戶修好。也就是說，我們要從小事抓起，不能縱容自己身上的一些小毛病、壞習慣，發現問題要及時修正，這其實就是在「補洞」。

「破窗效應」最早被歸屬到犯罪心理學的領域，今天我想用在被中國人稱為「頑症」的婆媳關係上。

婆媳關係，有人可能一聽就頭疼，說這問題沒的聊，無解。

我以前也這麼認為，後來不經意間，我發現了其中的一個奧秘，於是這個千古難題就迎刃而解了。

來，我們先咬文嚼字地看看「婆媳」二字的結構：

婆婆的婆字：波加女，製造風波的女人。

兒媳的媳字：息加女，平息風波的女人。

看到這裏你也許會啞然一笑，悟出一些道理。字是古人發明的，多聰明，暗藏玄機有沒有？

在封建社會裏，我們都知道，奶奶的地位是至高無上的——雞叫兒媳起，端茶婆屋裏。你還敢跟我爭吵，鬧矛盾？差着輩份呢！所以從字面上看，奶奶大多是挑起矛盾或者強勢的人，兒媳婦受委屈大多忍氣吞聲，不敢聲張。

時代進步了，我們當然不是鼓吹回到舊社會，讓你受奶奶的氣，但是其他都可以變，也都變了、進步了，有一點是永遠不會變的，也不應該變，那就是輩份！

這是我拋出的第一個觀點：婆媳關係緊張，很多時候是忽略了輩份。

這可不僅僅是説兒媳婦，老人也一樣，概括地説就是：奶奶沒有長輩的樣子，兒媳沒有晚輩的樣子。

很多兒媳跟奶奶理論、爭吵，那架勢完全就像和一個閨密鬧交一樣，忘了自己的身份、輩份，面紅耳赤，甚至有的大打出手，不知多丟人。這樣的人醒醒吧！去照照鏡子，看看自己的樣子。

當然我們説了，事情是雙面的，很多奶奶沒有一個好的表率，髒話連篇，為老不尊，時間久了，等於自己磨滅了自己的地位和輩份。你都不尊重自己，誰還尊重你呢？

有很多因為年代不同帶來的思維觀念、行為方式的不同，所以大家更要記得自己的身份、年齡，不能全然按照自己的標準和想法去要求別人。奶奶想省錢，兒媳就覺得孤寒；兒媳買個一萬塊錢的手袋，奶奶就喋喋不休……這都不對。

「破窗理論」體現的是細節對人的暗示效果。你認為婆媳矛盾是不可調和的矛盾，那麼就永遠不可調和了；你認為和別人自古是冤家，那麼就沒辦法成親人了。有的人因為和別人發生了矛盾就覺得反正也撕破臉了，就這樣吧！這樣的心態是要不得的。

最重要的是：誰也不要先打破這扇窗。

大家相敬如賓，長幼有序，知道自己的身份，並維護一份客氣和謙讓，就是守護這扇窗！

今日作業

說出一個你陷入破窗效應的壞習慣，試試用二十一天的時間養成一個逆轉的新習慣。

輕易不要做那個突破底線的人，也不要允許自己第一次的放縱和懈怠；因為很可能一發不可收拾，就此全面淪陷。

——北辰

28 不走出舒適區，永遠不知道外面更舒服

心理學關鍵詞

花盆效應

「花盆效應」又稱局部生境效應。花盆是一個半人工、半自然的小生境。首先，它在空間上有很大的局限性；其次，由於人為地創造出非常適宜的環境條件，在一段時間內，作物和花卉可以長得很好，但一離開人的精心照料，作物和花卉經不起溫度的變化，更經不起風吹雨打。在教育生態中，「花盆效應」表現得尤為明顯：人如果在舒適的「花盆」中待久了，就容易不思進取、安於現狀。如果你天天被禁錮在自己的小圈子裏，沉溺在自己的舒適區中不能自拔，選擇過分安逸，就會喪失鬥志；如果喪失了鬥志，生活就會越來越閒；如果越來越閒，最終就會和別人拉開一大截差距。

我先來講個故事：

董女士出身書香門第，是會考狀元，大學裏和一個其貌不揚的寒門學子談戀愛，開始家裏不同意兩人在一起，但抵不過兩人的堅持，畢業後兩人就結婚了。婚後小董備受寵愛，由於家境優渥，畢業後幾乎沒怎麼工作；有了小孩後，就做全職太太，在家裏照顧孩子，偶爾去購物、打麻將，過着閒散的生活。丈夫全力拼事業，在公司裏做了三年管理後，辭職自己創業，朋友眾多，前景光明。小董說這兩年明顯感覺丈夫對自己的態度變化很大，原來對她百依百順的他現在經常和她爭執，很多時候回家很晚，即使回來也是三緘其口，兩人幾乎沒有交流。

你也許不難發現，這就是很典型的個人成長不同步，導致出現了巨大的連接障礙和情感隱患。

其實人類的各種關係都是同頻連接的過程，愛的連接讓我們從陌生走向親密，但是能走多遠，要看彼此是否依然能同步、協調。這如同走路，本來大家都是踽踽獨行，半路出現一個人，和你志同道合，路徑相同，於是兩人發生連接，走到一起；但是接下來能走多遠、多久，就要看個人的成長速度和方向了。你若向左，我若向右，或者你一路奔跑，我原地不動，兩人的感情是無論如何都難以為繼的，牽着的手自然會鬆開。

這就是案例中問題的關鍵所在，他可以寵你一時，但是無法寵你一世；他深愛的是當時的你，並非現在的你。我們的個人資本是要自己不斷累積和填充的，好比給汽車加油、維修，甚至保養；不懂自我成長的人，個人魅力會逐漸消減，最後導致無法和別人匹配，從而被拋棄。

案例中的小董佔盡了先機，前半程一直跑在前面，丈夫一出現，就變成了崇拜模式的情感導向；但對方在傾慕中發力、追逐，以至於和小董並駕齊驅，那就是親密關係的開始。但是小董沒有繼續經營自己，沒有成長，就等於一直站在原地——甚至後退——而丈夫繼續發力，不斷奔跑，目標清晰，提升很快，兩人的距離自然就越來越遠，以至於最後兩人之間失去共同語言，甚至目標變得不同。

交流幾次後，董女士恍然大悟，自己確實一直自以為是地有着謎一般的安全感，誤以為自己永遠高高在上，忽略自我成長，導致丈夫已經遠遠把自己拋在身後，自己望塵莫及。

在我和董女士交流的過程中，我還發現，她缺少慾望，更談不上鬥志，沒有目標，甚至反應滯後，對外界不敏感，思維也很緩慢。這就是成長停滯造成的典型特徵。

既然我們知道了自我成長的重要性，那麼就來談談自我成長的兩個重要方面。

1. 放下固有優勢與習慣。你以為的安穩，可能有隱患。人要時刻對自己當下所處的環境有一個清醒的認知，不偏不倚，居安思危。你的優勢可能也是你的劣勢，你以為舒服的習慣也可能是使你逐步貶值的弊端。

2. 重新梳理價值觀。人在一個圈層裏浸染多時，就會逐流，被水波帶入。如果你沒有廣闊的視野、遼遠的格局，就會一葉障目。也許外面的世界比你想的精彩，舒適區外更舒服。

日本吉田行宏社長在《如何實現自我成長》中提到：「把阻礙你的力量消除才能實現自我提升」，「把會扼殺你的成長可能性的阻力拿掉」。你只要做到這兩點，成長就會在短期內有質的飛躍。為甚麼呢？

那麼讓我們思考一下：成長到底是甚麼？

簡單來說就是：

原來不會做的事情，現在會做了。

原來不懂的東西，現在懂了。

原來沒有的能力，現在具備了。

我們一般是用加法的思維來定義成長。但是，「把阻力拿掉」這種減法思維，意外地對成長更有幫助。

這種成長的阻力到底是甚麼？書中打了一個比喻，這個阻力就像剎車系統，阻礙了你的前進。我們把以下兩種剎車系統稱為兩個雷區。

第一種是「思考雷區」，第二種是「情緒雷區」。

首先思考本身不是一件壞事。比如你因為一個工作上的課題去尋找解決方法，為解決這個問題傷腦筋想了一天或者一週甚至一個月，這種情況下的思考是有必要的。

我們可以理解為「思維設限」，當你給自己很多「不能」、「不可以」的阻力暗示，就等於給自己在前進路上不斷地急剎車。

所以，把「煩惱剎車器」拿掉，有以下幾個步驟。

第一步，要認識到一些阻礙你成長的思維方式的存在。

第二步，要做好不能有這種思想的決斷，也就是有「我不能踩煩惱雷區」的意識。

當你強迫自己不去那樣想的時候，做事就會更加全力以赴。你因為要下一個決定的時候，煩惱到底是做還是不做，這是可以的。但是你下了決定又猶豫，那種決定會不會更好一些呢，這時候的煩惱就是「阻礙」。

還有，對「做出決定」這件事情，你必須有一種自我主體意識，也就是說，你要知道自己才是自己人生的經營者。你不能在還沒有做出決定的時候，用一種評論家的視角來看待問題，因為這是你自己的人生，你必須對自己的人生負責。

所以說，一個人做一些決定的時候是需要一定的勇氣的。最重要的思維方式就是，你要有主人翁精神。當你開始有「我是責任人」的意識時，是有一定的壓力的，但在決定一件事的時候，你不能一直搖擺不定，雖然害怕，還是要意識到「我應該做出決定」。有了這種意識之後，接下來你再去努力，只要慢慢地深入其中，這種壓力感會慢慢消失。

然後你就會發現，其實身為責任人也沒有想像的那麼可怕。就好像你騎自行車，還不會騎的時候覺得自己不會騎，騎起來很可怕，但是真的會騎了其實也沒那麼可怕。

第三步，不要把責任歸到別人身上。

你不能總是以一種局外人的角度來看待問題，要以當事人的角度去看待，自己要百分之百地去承擔責任，遇到問題自己反省，自己承擔。這才是成長的第一步。

人們很容易把一些問題的責任歸到別人身上，你一定要拋棄這種意識，不僅僅是在工作上要這樣，在家庭中，和自己的另一半或者是自己的父母、孩子相處時也是一樣的。不要因為和家人親密就很自然地把責任推給別人，你要意識到自己應該承擔責任。

第四步，要明白結果不能選擇，行動可以選擇。

這話說起來，你會覺得這不是顯而易見的嘛，就像你能決定自己要不要去買彩票，但是你不能決定自己中不中獎——工作其實也是一樣的，你想了一些提升業績的辦法，但是做了之後，也許不一定會成功。

但是，就是這樣的常識，很多人都沒有。他們總是期待一定要成功，一旦發生了風險和意外就會很失落甚至無法接受。企業做生意這件事情，本來就不是像大家所期待的那樣容易成功，如果每遇到一點兒挫折就失落一陣子，這樣的話人是無法成長的。如果工作沒有順利進展，就應該繼續尋找解決問題的別的辦法。

如果你能讓自己不因為結果的好壞或喜或悲，集中精力在解決問題的行動上，這樣成長速度會更快。

最後一步，分辨關心圈和影響圈。

所謂的「影響圈」是指自己能夠控制的範圍，「關心圈」是指自己關心這個問題，但自己無法控制。

生活中，有人把「思考雷區」拋棄了也不能成長，這就是踩到了「情緒雷區」。

另外有一種人，由於小時候父母太過嚴格要求，給其造成一定的心靈創傷，就不太能對別人說出自己的意見。如果你不說出自己的意見和想法，別人就不知道你在想甚麼，你也不知道自己的想法到底正不正確。你不跨出這一步，別人就無法知道你的想法是對是錯，你自己也無法實現進步。對這種情況，你要意識到現在的環境已經和你小時候不一樣了，要拿出勇氣走出這種心理陰影。

我多次提到人生需要自我控股，先不說你佔股多少，你的份額沒有成長，一直在自我貶值，那麼你的這個合作家庭根本就談不上能有升值空間了。自我價值貶值，這就是在很多一方成長停滯的家庭裏，最後那一方被嫌棄，甚至另一半出軌的主要原因了。

在職場上也是同理，當別人在進步時，你在原地踏步，那麼不管你起點多高，最終也是被拋棄的命運。

今日作業

在紙上寫下一個你自我成長的阻礙，比如你一直想學外語，但是甚麼阻礙了你，然後再去分解這個原因，是思維還是情緒導致的，找出解決方案。

人生就如一趟列車，你既是乘客，也是司機，同時擁有開車和坐車的體驗，計劃好路線，保證安全的情況下，勻速前進，不要輕易踩剎車。

——北辰

29 學會等待，才能看到花開

心理學關鍵詞

延遲滿足

發展心理學研究中有一個經典的試驗，稱為「延遲滿足」試驗。試驗者發給四歲被試兒童每人一顆好吃的軟糖，同時告訴孩子們：如果馬上吃，只能吃一顆；如果等二十分鐘後再吃，就可以吃兩顆。有的孩子急不可耐，馬上把糖吃掉了；另一些孩子則耐住性子，閉上眼睛或頭枕雙臂做睡覺狀，也有的孩子用自言自語或唱歌來轉移注意消磨時光以克制自己的慾望，從而獲得了更豐厚的報酬。

你有沒有這樣的時候：

感覺自己經常情緒失控，脾氣特別壞。

伴侶沒有按照你說的做，你馬上暴跳如雷。

你輔導孩子寫作業，被氣得抓狂怒吼。

沒評上優秀員工，你異常氣憤！

你可能會認為是自己個性的問題，太要求完美，追求極致。但也許是自己不夠有修養。

其實這裏面很可能暗藏着一個原生家庭的教育缺失的問題！

我們經常聽到類似的社會新聞：

九十後騎單車逆行，被交警攔下後，失控大哭。

十六歲孩子被母親訓斥後，跳樓身亡。

失控的背後，我們會說：壓力太大，人生不易。或者說：抗挫折教育不夠，現在的人太脆弱。

那麼這些問題的根源是甚麼呢？誰的生活容易？誰沒有一個「為我們好」、愛嘮叨的媽？

為甚麼其他人不會這樣，而你會崩潰？

成長教育體系中「延遲滿足」缺席。這就是罪魁禍首。

研究人員進行了跟蹤觀察，發現「延遲滿足」的試驗中，那些以堅忍的毅力獲得兩顆軟糖的孩子，長到上中學時表現出了較強的適應性、自信心和獨立自主精神；而那些經不住軟糖誘惑的孩子則往往屈服於壓力而逃避挑戰。在後來的幾十年的跟蹤觀察中，也證明那些有耐心等待吃兩顆糖的孩子，在事業上更容易獲得成功。

實驗證明：自我控制能力是個體在沒有外界監督的情況下，適當地控制、調節自己的行為，是抑制衝動、抵制誘惑、延遲滿足、堅持不懈地保證目標實現的一種綜合能力。

「延遲滿足」的作用不可小覷，因為在成年人的社會中，沒有人有必要去順從和滿足你的所有想法，你的想法更少有馬上被滿足的可能性。所以，如果你在原生家庭中習慣了立刻被滿足，那麼成年後的抗壓能力、抗挫折能力，甚至逆商會很低。

我們都知道，如果簡單來說，智商決定記憶力和學習能力，情商決定社交和溝通處事能力，那麼逆商就決定着你跌倒了是否能爬起來，包括爬起來的速度。

「延遲滿足」訓練具體怎麼做？

以日常為例，孩子說：「媽媽，我要吃蘋果。」

大多數媽媽可能會馬上給孩子削一個蘋果。這就錯了。

我們來看正確範例：「兒子，媽媽在忙，你等一下。你可不可以幫媽媽把垃圾倒掉？

回來你剛好就可以吃蘋果了。」

這個回答看起來很簡單，但是你讓孩子知道了兩件很重要的事情：

第一，學會等待。並不是他的所有要求都必須立刻被滿足。你讓他等待，是在訓練他的延遲滿足能力。

第二，利益交換。並不是他的所有要求都必須無條件滿足。這是成人世界的遊戲規則。

其實家長這樣做，也避免了孩子產生習以為常的想法，因為如果沒有以延遲滿足的方式訓練孩子，一旦他的要求沒有被立刻滿足，或者無條件滿足，孩子就會沮喪，甚至哭鬧。我們看到的在玩具櫃檯前滿地打滾的孩子、成年後經常情緒失控的人、前面開頭舉的例子，都有原生家庭的教育裏忽視延遲滿足訓練的影子。

在成年人的世界裏，那些年少時父母沒教育你的東西，社會一定會加倍教育你，讓你被動學習。

在日常的諮詢中，我也經常會碰到女性傾訴者抱怨自己的老公是巨嬰，自己任勞任怨，使得對方飯來張口、衣來伸手，不伺候到位就發脾氣。其實這是由於你平時對對方沒有進行「延遲滿足」教育，沒給他補上這一課。

使親密關係最穩定的因素就是成長，可以讓對方受益、成長，而絕對不是寵愛。

說到這裏你應該知道了「延遲滿足」的巨大貢獻。在人生漫長的旅程中，它就是支撐你的韌帶，你的耐力如何，全靠它了。

這裏必須提出一個觀點：任何知識的應用都要因人而異，活學活用。

除了活學活用，不歪曲和片段地理解，家長還要考慮孩子的個體情緒和心理差異。對恃寵而驕、蠻橫無理的孩子，訓練「延遲滿足」多多益善。

但是對本就怯懦或者自卑，很少敢於提要求的孩子，我們反而要「及時滿足」增加他們的自信，這時候被滿足就是力量，就是正確的做法。

所以，及時滿足和「延遲滿足」並不相悖，而是可以並用的孿生關係，相輔相成。

比如你無禮，就需要「延遲滿足」，甚至拒絕滿足。

比如你優秀，為了支持鼓勵，作為獎賞，就可以及時滿足。

延遲滿足感，享受長期收益

亞馬遜（Amazon）創始人傑夫．貝佐斯（Jeffrey Preston）曾經說過這樣一段話：

步入八十歲高齡時，我不會考慮為何在一九九四年的人生低谷時放棄了華爾街的優厚待遇，因為當你八十歲高齡時，你不會再擔心這些事情。與此同時，我會因為沒有親歷互聯網浪潮而感到後悔，因為那是一件具有革命性意義的事情。當我這樣思考問題時，就不難做出決定了。

這個決定，就是離開踏實穩定的工作崗位，獨立創辦世界上最大的網上零售店。

當時，很多人嘲笑他異想天開，居然放棄高薪和體面的工作，去挑戰一件不可能完成的事情。但目光長遠的他，看到了挑戰背後的機遇，默默耕耘多年，終於收穫了事業上的巨大成功。

只有願意為未來的結果忍受即時滿足感，為更好的發展而沉下心積累知識和經驗，才能享受到長期收益。

追逐眼前利益的人總是急於求成，不能耐下性子打磨自己，反倒會錯失真正的機會。延遲滿足感，才能擺脱平庸，那麼我們該如何延遲滿足感呢？

1. 與慾望保持距離。我們人類，曾經有兩種人：一種是採集食物的人，他今天餓了，一伸手夠到一個果子，當時就能快樂。但這種人最終被淘汰了。活下來的是我們這些不快樂、壓抑了慾望去種地的人。我們春天播種，等好幾個月，秋天才收穫，才能吃到東西，這就叫「延遲滿足」。

我們要學會「延遲滿足」，忍受一時的不快樂，才能收穫長久的歡喜。

而延遲滿足、控制慾望最好的辦法，就是跟它保持一定的距離。

如果你沉迷睡前玩手機，可以將手機放到其他的房間，改成看書、聽音樂等。

如果你長期暴飲暴食，可以減少購買零食的次數，改成吃健康的水果蔬菜。長此以往，終有一天你會獲得巨大改變。

2. 從小處做起，重在堅持。從小處做起——對很多人來説易如反掌——可以輕鬆收穫成就感，鼓舞自己，建立信心。同時，我們也能更加快速地適應新行為，促進認同，不斷堅持下去。

3. 設立合理目標，考慮長期成長。如果你一畢業就把目標定為購買一套房屋，把精力都花在這件事上面，那麼工作就會受很大影響，你的行為就會發生變化，你也會變得不願冒風險。

愈是年輕的時候，自我成長愈重要，我們現在所追求的目標、付出的努力決定了我們未來的生活。如果太過計較一時的得失，只考慮當下的利益，不顧長期發展，一直在原地踏步，最終會被別人遠遠地甩在身後。我們應該以更高的格局審視人生，經得住眼前的誘惑，做出更加長遠的規劃，並為目標持續努力。

首先，我們要面對問題並感受痛苦；然後，解決問題並享受更大的快樂。有延遲滿足感的人生先苦後甜，需要我們控制及時享樂的慾望，放棄唾手可得的快樂，付出成倍的時間和心血。但熬過這些之後，一路的疲憊都會煙消雲散，等待我們的，將是無邊無際的坦途。

今日作業

用延遲滿足的方法控制一下自己多年不能克服的慾望，比如不停地買衣服，比如酗酒。

願你不迷失在物慾橫流的世界之中，不淪陷在舒適安逸的環境之中，而是拼盡全力掌控自己的人生。延遲滿足感，意味着不貪圖暫時的安逸，重新設置人生快樂與痛苦的次序。

——北辰

30 史上最毒「雞湯」——重要的事說三遍

心理學關鍵詞

超限效應

「超限效應」是指刺激過多、過強或作用時間過久，從而引起心裏極不耐煩或逆反的現象。

馬克．吐溫聽牧師演講時，最初感覺牧師講得好，打算捐款；十分鐘後，牧師還沒講完，他不耐煩了，決定只捐些零錢；又過了十分鐘，牧師還沒有講完，他決定不捐錢了。在牧師終於結束演講開始募捐時，過於氣憤的馬克．吐溫不僅分文未捐，還從盤子裏偷了兩美元。而這種由於刺激過多或作用時間過久，引起逆反心理的現象，就是「超限效應」。

設想這樣一個場景，你一定遇到過：

你叫孩子吃飯，每天幾乎喊上三五遍，他拿着手機遲遲不動；

你讓老公不要亂扔襪子，結婚十多年，你說了千萬遍，他從未改正；

你告訴家中老人，不要買保健品，叮囑無數次，他們還是買一堆東西堆在床底。

結果是一切沒改變。你氣得發瘋，情緒失控，愈說愈氣，家庭關係越來越糟，孩子躲着你，老公不愛回家，老人嫌棄你。

你有沒有想過問題出在哪裏？

你把自己變成了一個說話沒有份量的「超限效應」的受害者！

你會發現，很多時候我們喋喋不休，以為重複就意味着重要，其實這是「重要」這兩個字背的最大的鍋。很多事情，你愈是重複，說出的話的力度愈會打折扣，刺激過多、過強或作用時間過久，往往會引起對方極不耐煩或逆反的心理，這樣會事與願違，就像馬克．吐溫一樣，不僅不捐錢，反而從盤子裏偷走了兩美元。

只說，不懂看，不知道隨時關注周圍反應裏的「超限效應」反映了幾個問題：

1. 以自我為中心。你有沒有發現，喜歡重複嘮叨、喋喋不休的人，一般在乎自己表達了甚麼，卻不在意對方的感受。你所表達的內容是要發出去的，傳遞過程是否暢通，決定着到達對方心裏和被接受的程度。我們通常用力過猛地去表達，卻沒有考慮結果會怎樣，這樣以自我為中心的表達是失敗的，所以大多的囉唆成了自說自話、廢話練習。

2. 沒有注意方式、方法。比如一個媽媽第一萬次告訴孩子：你要好好學習。這句話對孩子來說就是十足的廢話，因為那是你的想法，而且是要求，對孩子來說，要的是怎麼能做到的方法，而不是目的地的提醒。換句話說，他也知道要好好學習，但是做不到。

3. 沒能注意「度」的把握。很多人在自我表達時被情緒牽引，愈說愈激動，越來越失控，由提醒變成指責，最後變成抱怨和攻擊，其實你說話的對象早就已經不耐煩，並且有明顯的對抗情緒，這時候你每多說一句，就會讓敵對情緒加倍。所以，當你沒有觀察對方的微表情時，可能就失去了一次有效的溝通。

4. 沒有換位思考。這裏有一個方法：你可以適當地給自己的談話錄音，尤其是當你重複表達一件事情多次未果的情況下，然後自己跳脱出來，作為一個聆聽者，回放一下自己的錄音，試試感受如何。這種轉換角色的方式，可以鍛煉換位思考能力，讓你明白被嘮叨、被指責是一種甚麼體驗。

下面我要重點和大家説説溝通中的弦外之音，這個話題太重要了。其實這涉及很多的心理學知識，比如我們所說的微表情和讀心術，也包括情商部分的內容。

如果我們要解決「超限效應」的問題，就要知道如果我們不重複、不嘮叨，怎麼讓溝通更有效。

我分兩個大部分來說：

第一個：聽到，不等於聽懂！第二個：溝通不僅要聽，還要看！

我先說第一個，還是舉例說道理。

很多諮詢中，女人向我抱怨自己在公司受了委屈，和同事發生矛盾，回家向老公傾訴，結果老公聽完後，居然擺事實講道理，說她也有問題，把她數落了一頓。她氣死了，感覺兩人簡直是「三觀」不合，掐死老公的心都有。

問題來了，老公錯了嗎？聽起來她老公也沒錯，任何矛盾雙方又都會有些問題，找出自己的問題去預防，改善關係，這就是男人聽完這些事後的感受和想法。

但其實她老公大錯特錯，為甚麼？這就是弦外之音。女人是真的需要你來做法官，評判甚至解決問題嗎？絕不是。事情已經結束，此時她傾訴的弦外之音是希望得到你的安撫、慰藉、關注和愛。

說白了，她在外面受了委屈，回到家希望你哄一哄、疼一疼她，這時候她脆弱得像個孩子，只需要你把她抱在懷裏，結果你扮演了一個法官和義正詞嚴的教師的角色，完全沒聽出弦外之音。而妻子會認為你批評她，指責她，她這麼委屈了，你還向着對方說話，你就是不愛她。

你看吧，事態馬上惡化。這就是不懂得彼此的話帶來的結果，很充分地說明，雖然雙方都在聽，但是未必聽懂了。

我們再說說第二個要點：溝通不僅要聽，還要看！看甚麼？我們要看對方的微表情，看整個客觀環境的匹配度，也就是此時的溝通強度和角度是否合適。

我還是拿故事說事。

人內心的思想有時會不知不覺地在口頭上流露出來，因此與別人交談時，只要我們留心，就可以從談話中了解別人的內心世界。

俗話說「說話聽聲，鑼鼓聽音」，這個「聲」指的就是言外之意。通常除說話以外，一個眼神、一個表情、一個動作都可能在特定的語境中表達明確的意思。

場景：同學聚會

「哎喲，老同學，最近好嗎？你自己來的？嫂子呢？」

「啊，我幾好的！你呢？你也好嗎？」

「嗯，這是我太太。嫂子呢？我怎麼沒看見？」

「啊，你們逛逛啊！我去那邊看看。」

「哎，嫂子呢？叫她們去逛，我們敘敘舊。」

「啊，你們玩吧！我去那邊。」

「別啊……」

你看，煩人不？這就是我們說的聽不出弦外之音。你一口一個嫂子，人家一直在回避問題，你還窮追不捨，顯得不合適，也輕佻了些。而人家迴避的背後很可能只有兩個原因，第一，人沒來；第二，兩人早就離婚了，人家不願意提及，且這種可能性極大。

可見，聽出朋友的話外音，從微不足道的細節中發現朋友的態度和他要做些甚麼，這對你與朋友的交往很有幫助。一個人的言談在很大程度上能體現一個人的內心世界甚至現在的處境。

透過言談，發現人的深層動機，這就是言語判斷法。

我來教你幾招：

1. 由話題知心理。人們常常在一個話題裏不自覺地呈現出情緒。話題的種類是形形色色的，如果你要明白對方的性格、氣質、想法，最容易着手的步驟就是觀察話題與說話者本身的相關狀況，從這裏能獲得很多訊息。

2. 措辭的習慣流露出的「秘密」。語言除了社會、階層或地理上的差別，還有因個人的差異而出現差別的心理性措辭。人的種種曲折的深層心理會不知不覺地反映在自我表現的手段，也就是措辭上，即使表達的內容與自我形象無關，我們通過分析措辭常常可以大體上看出這個人的真實形象。在這種意義上，正是本人沒意識到的措辭，更能告訴我們其人的各種訊息。

3. 說話方式能反映真實想法。如果對某人心懷不滿，或者持有敵意時，許多人的說話速度會變得遲緩，而且稍有木訥的感覺；如果一個人心中有愧或者說謊時，說話的速度會快起來。

當兩個人意見相左時，一個人提高說話的音調，就表示他想壓倒對方；那種心懷企圖的人，他說話時一定會有意地抑揚頓挫；想製造一種與眾不同的感覺，有吸引別人注意力的慾望，自我顯示欲隱隱約約地就透露出來了。

4. 由聽話方式看破對方的心理。如果一個人很認真地聽話，大致會正襟危坐，視線也一直盯着對方；反之，他的視線必然散亂，身體也可能在傾斜或亂動，這是他厭煩的表現。如果一個人一直在看窗外、看手錶，或者不停地擺弄手中的咖啡杯，你的談話該結束了，或者換一個話題。如果對方抱着肩膀，說明很可能你無法通過表達進入他的內心，他的心是相對封閉的。

讀懂弦外之音能夠讓你在和人溝通時更和諧和更有智慧，表達也更有效。

今日作業

分析「這次的聚會小趙來嗎？」有甚麼可能的弦外之音和細微區別。

少說話對你沒壞處，你一定要說，就只說一次，言出必行。記住，你每多重複一次自己說的話，力度就會折損一半，這就是愛嘮叨的人說話沒分量的癥結所在。

——北辰

觸得到的幸福

改變你一生的30個心理學效應

著者
北辰

責任編輯
譚麗琴

裝幀設計
羅美齡

排版
楊詠雯

封面圖片提供
Freepik.com

出版者
萬里機構出版有限公司
香港北角英皇道 499 號北角工業大廈 20 樓
電話：2564 7511　傳真：2565 5539
電郵：info@wanlibk.com
網址：http://www.wanlibk.com
http://www.facebook.com/wanlibk

發行者
香港聯合書刊物流有限公司
香港荃灣德士古道 220-248 號荃灣工業中心 16 樓
電話：2150 2100　傳真：2407 3062
電郵：info@suplogistics.com.hk

承印者
美雅印刷製本有限公司
香港觀塘榮業街 6 號海濱工業大廈 4 樓 A 室

出版日期
二〇二一年三月第一次印刷

規格
特 32 開（213 mm × 150 mm）

Published in Hong Kong
Printed in China.
ISBN 978-962-14-7342-4

本書為西藏悦讀紀文化傳媒有限公司正式授權萬里機構出版有限公司獨家出版發行。